SCIENCE TRAVEL GUIDE
科学导游指南

丛书主编　陈安泽

刘家仁　谭政权　编著

上海科学普及出版社

图书在版本编目（CIP）数据

织金洞科学导游指南/刘家仁，谭政权等编著.——上海：上海科学普及出版社，2014.6

（中国国家地质公园丛书）
ISBN 978-7-5427-6072-2

Ⅰ. ①织… Ⅱ.①刘…②谭… Ⅲ.①旅游指南—织金县 Ⅳ.①K928.973.4

中国版本图书馆CIP数据核字（2014）第061387号

责任编辑：胡 伟
封面设计：李 军

中国国家地质公园丛书
织金洞科学导游指南

刘家仁 谭政权 编著

上海科学普及出版社出版发行
（上海中山北路832号 邮政编码200070）

各地新华书店经销 上海豪杰印刷有限公司印刷
开本889×1194 1/32 印张4.25
2014年6月第一版 2014年6月第一次印刷
ISBN 978-7-5427-6072-2 定价：24.00元

丛书主编

陈安泽
著名旅游地学专家、中国地质科学院研究员

本书编辑委员会

主　　任// 何正芳　胡　海
副 主 任// 谭裕敏　彭　雄　刘建元　黄开俊
委　　员// 李　坚　何礼全　黄莉娜　谭政权　卢凤礼
　　　　　 郭佳能　杨庆东　刘志荣　张　魏　黄　锐
　　　　　 刘海波　李红燕
编　　著// 刘家仁　谭政权
摄　　影// 谭忠发　张明旭　杨元德　廖江生　刘子苏等
图片提供//织金县国土资源局

主编的话

地质公园（Geopark）是21世纪涌现出来的一项新生事物，是地质工作开拓服务领域的一项创举，是旅游业的一个新品牌。顾名思义，地质公园是以地质遗迹为主要观赏、游览对象的公园。地质遗迹听起来似乎有些陌生，其实自然界的山山水水、古生物化石等都属于地质作用形成的地质遗迹，那些以真山真水构成的自然公园，都属于地质公园的范畴，只不过在本世纪之前没有正式命名罢了。值得特别提出的是，建立地质公园的思想是中国旅游地学家率先提出的，地学家在20世纪70年代末期为中国蓬勃兴起的旅游业服务中受到启发，为了保护地质遗迹和为旅游业提供具有地学知识含量的旅游场所，于1985年先后向国务院和原地质矿产部提出建立"地质公园"、"国家地质公园"的建议，因当时时机尚不成熟而未能正式实现。上世纪末，联合国教科文组织提出了建立"世界地质公园网络（Unesco Network of Geoparks）"的倡议，中国旅游地学家抓住这个机遇，于1999年向国土资源部提出建立地质公园的建议，国土资源部接受了建议，决定开展中国国家地质公园计划。于2000年末，云南石林等中国首批国家地质公园诞生，也是世界上第一次出现"国家地质公园"。到2011年止，中国已建成140处国家地质公园，另有60处获得了建设国家地质公园资格，正在积极建设中。在中国及欧洲推动下，2004年世界地质公园正式面世，现今中国已有26处地质公园成为联合国教科文组织"世界地质公园网络"成员，并有大批省级地质公园建立。在短短的11年中，一个管理级别有序、地质景观类型多样、地理分布面广的中国地质公园体系已初步建立，地质公园已成为最受欢迎的旅游对象之一，并展现了光明的发展前景。

地质公园担负着三项主要任务：第一，保护自然环境，保护地质遗迹；其次，开展普及地球科学知识，促进全民族科学素质的提高；第三，开展旅游活动，促进地方经济社会可持续发展。地质公园中不但含有各种具有特殊科学价值和美学价值的地质地貌景观，同时往往含有重要价值的人文景观和丰富多彩的生物、气象景观。游人在地质公园中，不但可以欣赏到山水美景，享受到优良的生态环境，还可以在游览中顺便获得许多地学、生物学和历史文化知识，增加游兴，获得高层次的精神享受。

但是，由于山水形成的道理较为深奥，许多游人在游山玩水中想获得这些知识却缺乏途径。为了把地质公园内涵丰富的科学价值、美学价值和历史人文等信息更好地传递给公众，使游人在欣赏山川美景、享受自然风光的同时，能够获取科学知识、感悟历史文化熏染，我们在各级国土资源部门和各地质公园的支持下，组织了国内著名的旅游地学专家，编纂了这套"中国国家地质公园丛书"。截止2011年已出版了庐山、五大连池、黄山、张家界等9本，受到了读者的热烈欢迎，也极大地鼓舞了编写人员的创作热情。自2012年起，对丛书进行改版，将国家地质公园按批准顺序编号，加快出版各地质公园单行本，并按惯例将各省按序编卷，出版各省、市国家地质公园丛书分卷本。丛书以国家地质公园为单位，从科学导游的角度，深入浅出、图文并茂地阐述地质公园中各类地质地貌景观的形成演变、发展过程，同时还系统地介绍公园其它自然和人文景观，使科学和人文融为一体。书中还把各种景物按园区和旅游线路组织起来，方便读者阅读使用。另外，书中也介绍了公园周边风景名胜及去地质公园时如何安排吃、住、行、游、购、娱等实用信息，对自助旅游可以起到较好的指导作用。本丛书还是了解中国自然山水、人文历史的知识宝库，具有重大的收藏价值。

本丛书是一部巨著，并将随着地质公园的发展日益增多。笔者年事已高，完成这部巨著已力不从心，企盼尽早有人接替。衷心感谢王艳君同志、各位作者、上海科学普及出版社等在编辑出版过程中的尽力协助。

陈安泽
2012年5月

目录 CONTENTS

纵览织金洞　　1
2 — 天生地造岩溶博物馆，鬼斧神工自然艺术宝库
12 — 高原明珠物华天宝，和谐家园人杰地灵

地质历史　　17
18 — 区域地质背景
22 — 地质发展演化史
24 — 典型地质遗迹景观
26 — 科学研究

人文历史　　31
32 — 历史沿革
34 — 织金民族风情
40 — 杰出人物

游览织金洞　　　47

49 — 织金洞景区

74 — 东风湖景区

80 — 绮结河景区

86 — 地方旅游

思索织金洞　　　95

96 — 织金洞的形成演化

99 — 洞穴奇观探秘

102 — 洞穴奇观成因思考

旅游资讯　　　109

110 — 行　　112 — 住

114 — 吃　　116 — 游

118 — 购　　121 — 娱

中国国家地质公园丛书编制出版编目

纵览织金洞

天生地造岩溶博物馆，
鬼斧神工自然艺术宝库

高原明珠物华天宝，
和谐家园人杰地灵

天生地造岩溶博物馆
鬼斧神工自然艺术宝库

贵州织金洞国家地质公园以其丰富的岩溶地质现象记录了贵州高原200多万年来的沧桑巨变，是中国西南高原峡谷岩溶地貌发展演化的典型代表，是研究第四纪更新世以来古地理、古气候和古水文的绝佳场所，具有重大的科学研究价值。园区内地上地下的自然美景气势恢宏、美妙绝伦。

▲ 织金洞在中国的位置
▶ 贵州省地形图，织金洞处在滇东高原向黔中山原丘陵过渡的倾斜地带

织金洞国家地质公园位于贵州高原西部乌江两大源流六冲河与三岔河交汇处，地跨织金、黔西两县，大部分位于织金境内，总面积170平方千米，由织金洞景区、东风湖景区、绮结河景区三个景区组成。公园距织金县城22千米，距黔西县城45千米，距毕节市120千米，距省会贵阳市146千米；地理坐标范围东经105°44′42″至106°11′38″、北纬26°38′31″至

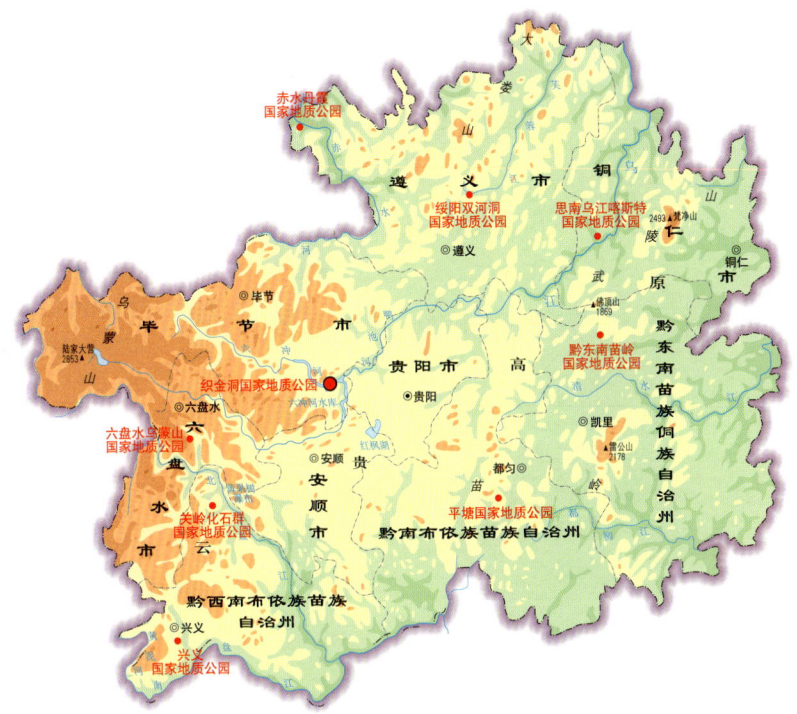

26°52′35″。

织金洞附近地区以沉积岩为主，地面岩溶较为发育，溶沟、溶槽和石灰岩峰群、溶洞、伏流等以岩溶地貌为主的景物，景观共200余处，形成景区独具特色的自然景观。加之贵州省历史文化名镇之一的织金古城丰富的人文景观及县内独具特色的苗、布依、彝等少数民族风情，使织金的景区集探险、科研、旅游、休闲、度假为一体，成为海内外旅游并重，风光、风情并举的新旅游景点。

织金洞国家地质公园囊括了绝大部分的岩溶地质遗迹形态类型，堪称天生地造的岩溶博物馆。地面岩溶地质遗迹主要有：包气带渗流水形成的漏斗、落水洞；地表水形成的溶沟、石芽、干谷、峡谷、峰丛、溶丘、溶帽山；潜流水形成的洞穴、天坑、暗河、箱状峡谷及天生桥等。其中以洞穴、天坑、峡谷规模宏大，形态优美，具有较高的观赏价值。地下岩溶地质遗迹主要有：由侵蚀作用形成的岩溶洞厅和倒石芽、溶沟、天锅、溶刺等；由沉积作用形成的石钟乳、石笋、石柱、石幔、石盾、石旗、鹅管石、卷曲石、边石坝、石珍珠、月奶石等形形色色的个体形态及其复杂多变的组合形态。其特征为洞厅巨大宏伟，洞景气势恢宏、绮丽壮美，各种洞石沉积千姿百态、美妙绝伦。

织金洞外无洞天

织金洞景区是公园的核心景区，也是公园开发最早的景区。该景区展示了公园的最精华部分——地下岩溶地质遗迹景观。

1986年，原全国作家协会副主席冯牧看过织金洞后题词赞曰："黄山归来不看岳，织金洞外无洞天，琅嬛胜地瑶池境，始信天宫在人间。"1990年，前国家旅游局局长刘毅欣然命笔为织金洞题词"洞中王"。2005年，《中国国家地理》杂志社等媒体组织的"中国最美的地方"评选活动中，织金洞被评选为中国最美丽的旅游洞穴。无疑，织金洞是大自然赠送给人类的一件稀世珍宝，具有极高的观赏和科研价值。国际洞穴联合会主席、法国喀斯特联合会主席萨拉蒙先生考察后留言："织金洞是溶蚀型洞穴的杰出典型，我将向我在洞穴学界的朋友们推荐。"

织金洞发现于1980年4月8日，原名打鸡洞，1985年9月更名织金洞。1980年3月，织金县根据贵州省人大主任徐健生和副省长吴实的指示组成溶洞调查组，开展溶洞旅游资源调查。4月8日，调查组根据当地老乡的指点发现了该洞并随之进行了首次考察和简测。此次考察共进行了一个多月，初步确定该溶洞具有很高的旅游价值。其后，按照省领导的指示织金县将该洞作保护性封存。

1984年7月27日，织金洞摄影图片在北京中国美术馆展出，引起巨大轰动。著名地质学家黄汲清教授题词："桂林山水甲天下，说的是

◀ 梦幻织金洞
◀ 晶莹剔透的卷曲石
▼ 冯牧题词

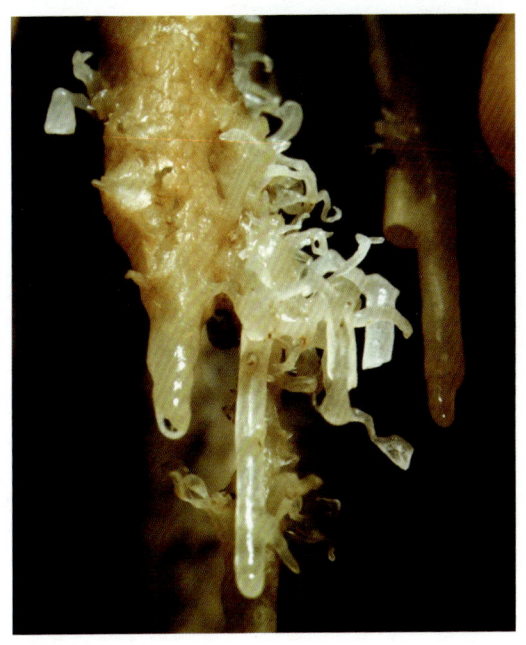

地面山水,织金山水甲桂林,说的是地下山水。"中国科学院刘东升教授观展后说:"这是第一流的洞。"之后,考察者接踵而至,我国的许多岩溶和洞穴学家如张英骏、张寿越、卢耀如、朱学稳、陈治平、杨明德、宋林华、余锦标、章典等,以及法、英、美、南斯拉夫、瑞士、墨西哥、新西兰、日本等国学者相继对该洞进行了考察。

1985年,织金洞开放接待游客。

1986年1月至1989年6月,贵州省山地资源研究所杨汉奎、朱文孝、李坡等对织金洞进行了系统的研究,提交了《织金洞成因及环境条件研究报告》。该次研究采用系统论的观点,对织金洞的形成及演化(成因),洞穴环境作了深入细致的研究。同时对织金洞风景区进行了划界。圈定了织金洞环境保护区范围。

1988年8月,织金洞风景名胜区被国务院审定公布为第二批国家级风景名胜区。1991年

黄山归来不看岳,织金洞外无洞天。娘娘胜地瑶池境,始作天宫在人间

游织金天宫,信为海内诸洞之冠,深感开拓者设计者之功,去此川赠

冯牧
天六年四月卅日

12月，被国家旅游局评选为中国旅游胜地40佳之一。1994年10月，织金洞加入国际旅游洞穴协会。1997年，在"中国旅游年"活动中，被国家旅游局推选为全国"16条旅游专线、35个王牌景点、奇山异水游"景区之一。2004年1月，被国土资源部评为国家地质公园。2005年10月，被《中国国家地理》专家委员会评选为中国最美的6大旅游洞穴之首。2006年1月，被建设部公布为国家自然遗产。2008年，被全国旅游景区质量等级评定委员会评为"4A级景区"。

织金洞开放以来，已接待数百万中外游客。党和国家领导人胡锦涛、吴邦国、贾庆林、乔石、李岚清、钱其琛、曾培炎、田纪云、谷牧、杨静仁、胡启立、李沛瑶等，以及中外众多专家学者参观后均对织金洞给予了很高评价，将其称为"天下第一洞"、"地下艺术宝库"、"行星上的一大奇观"、"岩溶博物馆"、"世界第一流的卡斯特景观"，等等。

织金洞为四层迷宫状旱溶洞。全洞至今已探明总长度12.1千米，共有13处大厅，4个厅堂，总面积70多万平方米。洞道最宽跨度达175米，最大高度达150米，厅堂面积上万平方米的就有5个，其中最大的"十万大山"洞厅面积达7万余平方米。

洞内各类沉积洞石千姿百态，美妙绝伦，大者高达数十米，粗犷雄伟，小者细如游丝，玲珑剔透，把一个个溶洞厅堂装点得或如雄奇壮丽的地下山川，或似秀丽的山乡田园，或似金碧辉煌的皇宫宝殿，或似温馨秀丽的闺阁绣楼。整个溶洞，宛如一个巨大的洞石博物馆，几乎囊括了所有的溶洞沉积与堆积物类型；又恰似一座宏大的地下天然艺术宝库，无数精妙美丽的洞石，均为极其珍贵的天然艺术品，有不少是盖世无双的极品。

◀ 天使的寝宫——石帘（石幔）
▼ 姊妹树——花瓣状石笋

▼ 百里画廊乌江源景观之一——大鹏展翅峭壁（高470米）

▶ 两岸青山相对出——高原深切峡谷

百里画廊乌江源

东风湖景区为乌江上游鸭池河及其两大源流六冲河与三岔河冲蚀而成的深切峡谷，故又称东风湖峡谷，有"小三峡"之称。自东风水库蓄水后，形成了约38千米长的湖面，为公园区的水上游览风景线。织金洞至水库码头有柏油路相通，距离8千米。从织金洞乘车到码头，可换乘游船欣赏沿途的峡谷风光和岩溶景观。东风湖峡谷是一条集雄峻与秀丽为一身的峡谷，由六冲河、三岔河上的卢家渡峡谷、彭家寨峡谷、大河边峡谷、化屋基峡谷、狗掉岩峡谷等多段峡谷构成。峡谷河段两岸为三叠系石灰岩地层，多处为斧劈刀削般的断层崖绝壁，绝壁最高者可达三四百

米,最险峻壮观的有船头山峭壁、大鹏展翅峭壁、关刀岩悬崖。峡谷河段之间为宽缓河谷,两岸为二叠系碎屑岩地层,田园葱绿,翠竹掩映,农舍点点,景色怡人。宽谷河段碎屑岩分布区边缘地带,上覆三叠系石灰岩层发生滑移、崩塌,形成石柱、溶帽山等地质遗迹景观,笋子岩柱峰就位于六冲河与三岔河交汇口的宽缓河谷处。

东风湖峡谷还是一条巨大的天然地质剖面。荡舟湖上,既可欣赏湖光山色,又可观赏地层、构造、岩溶等地质遗迹景观,于怡然自得之中收获地质科学知识。

绮丽秀美绮结河

绮结河位于织金洞旁侧,是一条典型的溶塌峡谷,长约8千米,最窄处不足百米,谷深达300余米,两岸岩壁陡峭,群峰耸峙,景色雄奇峻秀。绮结河在峡谷内四度流入溶洞之中形成伏流,其中有三段暗河可乘舟穿行。可穿行的三段暗河中,最长者约800米。

在绮结河峡谷中约3.5千米的河段上,分布有上下两层共7座天生桥。在我国的地质公园和旅游景区中,由如此众多的天生桥组成的天生桥群,截至目前还是绝无仅有的。

该景区中的大槽口岩溶箱状谷平面形态为长条形,长890米,宽度变化较大,最大宽度为350米,底部海拔为999.8米,深度326.2米;四壁直立陡峭,似刀削斧劈而成。

沿绮结河乘舟漂流,可观赏到岩溶峰丛、箱状峡谷、岩溶悬谷、暗河、天生桥、穿洞、落水洞等岩溶地质遗迹景观和秀丽迷人的景色,以及地下电站的雄姿。在短短8千米的距离内集中了如此众多的岩溶地质遗迹景观,是极其罕见和难得的。

◀ 燕子洞双层天生桥
▼ 大槽口岩溶箱状谷

中国国家地质公园丛书

高原明珠物华天宝，
和谐家园人杰地灵

孕育织金洞国家地质公园的地方是贵州高原上的明珠、黔西北生态家园织金、黔西两县。两县历史悠久、山川秀丽、气候宜人、资源丰富、民族和睦、文化积淀绚丽多彩。

织金县

位于贵州中部偏西，地处乌江上游支流六冲河与三岔河交汇处的三角地带。县城距省会贵阳市157千米、毕节市政府所在地144千米。全县政区面积2868平方千米；最低海拔860米，最高海拔2262米，县城海拔1320米；下辖32个乡（镇）、574个村（居）委会、4721个村民组，总人口约110万；人口较多的少数民族有苗、彝、白、布依、仡佬、蒙古、回、水等。

织金县历史悠久、山川秀丽、资源丰富、人杰地灵。织金县城关镇为贵州省首批历史文化名镇，县境内古寺、古墓、古桥、古塔等112处；古有72泉，享有"小泉城"美誉，"四庵"、"四阁"、"四寺"、"四祠"、"八大庙"相映成趣，形似木鱼的鱼山、素有"东

▼ 群山环绕的织金县城
▶ 百里杜鹃

寺晚钟"美名的东山和县城内外的"八大景"、"八小景"令人赏心悦目。

织金县气候宜人。年日照1172小时，太阳总辐射量84千卡/平方厘米。年平均气温14.1℃，无霜期327天；最热月（七月）平均气温22.5℃，最冷月（元月）平均气温4℃，极热气温34℃（河谷地带），极冷气温-12.7℃（高山地区），但极值气温很少出现，冬无严寒，夏无酷暑。

织金县水资源比较丰富，年降雨量1436毫米，地表年径流量约3.1亿立方米，地下水流量7.9万立方米。织金县城因贯城河两岸泉眼密布而有"百泉之城"的称谓。

织金矿产资源丰富，储量较大的有煤、磷、重晶石、铁矿、铝矾土等26种。其中无烟煤储量129亿吨，占全省总储量的20%以上，织金因此而成为"织纳煤田"的主体部分，有"西南煤海"之称；磷矿储量13.48亿吨，占全省总储量的54.4%；大理石储量191亿立方米；重晶石储量2000多万吨；铝矾土储量967万吨。

黔西县

位于贵州中部偏西北、乌江中游鸭池河北岸，是毕节市东大门。县政府所在地城关镇距省会贵阳117千米，距地区行署所在地毕节115千米。县域面积为2380.5平方千米，下辖26个乡镇和街道办事处（其中9个镇、17个民族乡）。总人口约90万，居住着汉、彝、苗、仡佬、布依、白、满等18个民族。

黔西被誉为"杜鹃花都"，素有黔西北"一枝花"美誉。旅游资源丰富，著名的风景名胜包括国家级森林公园——百里杜鹃花区、享有"北有周口店，南有观音洞"美誉

的旧石器古人类文化遗址沙井观音洞、王阳明亲临并写下《象祠记》的九龙山象祠、风光旖旎的支嘎阿鲁湖、贵州境内三大淡水湖群之一的柯家海子群等。

黔西县是农业大县，盛产玉米、水稻、烤烟、油菜，是国家绿色农业建设示范单位、省商品粮基地和优质烟基地县。

黔西县域东、南、西三面环水，河流属乌江水系，水资源径流年总量77亿立方米。境内建成了东风水电站、洪家渡水电站、索风营水电站等大中型水电站。百余个天然湖泊分布在县南部和西南部，被誉为贵州省三大湖群之一。该县也是煤炭资源大县，矿产主要有煤、高岭土、大理石、重晶石、水泥石灰岩、软质黏土、土陶原料黏土、黄铁矿、赤铁矿、钴锰矿。全县煤炭初探资源量在70亿吨以上，其中优质无烟煤34亿吨，现已精查探明上表储量14.34亿吨。

织金、黔西两县植物资源丰富。主要农作物有：粮食作物水稻、小麦、马铃薯、甘薯、高粱等，油料作物油菜、大豆、花生、向日葵、芝麻、苏麻、蓖麻等，经济作物烤烟、土烟、麻、桑、茶、薏仁米等，蔬菜作物根菜类、薯菜类、葱蒜类、白菜类、甘蓝类、绿叶菜类、瓜类、豆类、茄果类、水生蔬菜类、食用菌类等。主要林、果、药生物资源有：杉、松、油桐、生漆、核桃、刺梨、猕猴桃、杜仲、天麻、黄柏、党参、半夏等90多

个。大量的野生植物尚待开发。

　　织金县是全国最大的竹荪制种基地、生产基地和贸易基地，所产清香型红托竹荪驰名中外，被誉为"真菌皇后"。织金所产薏仁米品质甚佳，营养和药用价值均较高。

　　两县境内野生动物资源也很丰富，有兽禽类约50余种、昆虫类245种、蜘蛛类44种、其他类型9种。其中属于国家野生动物资源

▲ 风光旖旎的支嘎阿鲁湖（位于黔西、织金、大方三县边界，系乌江梯级电站的龙头——洪家渡电站水库）

▼ 南方红豆杉
▼ 紫冠南星

保护的有：短尾猴（大青猴）、云豹、金钱豹、獐、鹿子、穿山甲、大鲵、九节狸、蟒蛇以及狐、獾、狼、水獭、岩羊等野兽，猫头鹰、八哥、画眉、喜鹊、啄木鸟、野鸡、秧鸡、雨燕、家燕、白鹭、红腹锦鸡、纹蛙、鸳鸯等野禽。

贵州织金、黔西两县民族文化历史悠久，是水西彝族文化区的重要组成部分。当地的少数文化风情浓郁，民俗节庆活动精彩纷呈。苗族的跳花节，集音乐、舞蹈、体育、歌咏、商贸于一体；彝族的火把节被称为"东方的狂欢节"，主要活动有斗牛、斗羊、斗鸡、赛马、摔跤、歌舞表演、选美等；布依族的对歌节在每年的正月和六月初六举行，节日期间男女身着盛装，互颂情歌，热闹非凡。苗族服饰以夺目的色彩、繁复的装饰和耐人寻味的文化内涵著称于世，是我国所有民族服饰中最为华丽的服饰。织金地区苗族支系众多，服饰绚丽多彩，仅女装就有八种之多。

◀ 岩羊
▼ 苗族服饰

地质历史

区域地质背景
地质发展演化史
科学研究

区域地质背景

贵州织金洞国家地质公园及附近地区以沉积岩为主,地面岩溶较为发育,溶沟、溶槽和石灰岩峰群、溶洞、伏流等以岩溶地貌为主的景物,景观共200余处,形成景区独具特色的自然景观。

地层

公园及附近区域出露地层有震旦系、寒武系、石炭系、二叠系、三叠系及第四系。其中主要为下二叠统茅口组至下三叠统,其余地层皆零星分布或不甚发育。

震旦系仅有上震旦统灯影组小面积出露于图区南部,岩性为灰至灰白色厚层块状夹中厚层微至细粒硅质白云岩。

寒武系仅出露牛蹄塘组、明心寺组及金顶山组,主要为中—粗粒石英砂岩、石英细砂岩、粉砂岩、含粉砂质泥岩、页岩等,夹灰岩及白云岩,小面积出露于磨石冲一带。

石炭系仅出露下统的大塘组和摆佐组,以浅灰色厚层至块状灰岩、白云岩为主,夹重结晶灰

▼ 贵州织金洞国家地质公园卫星影像图
▶ 区域地质简图

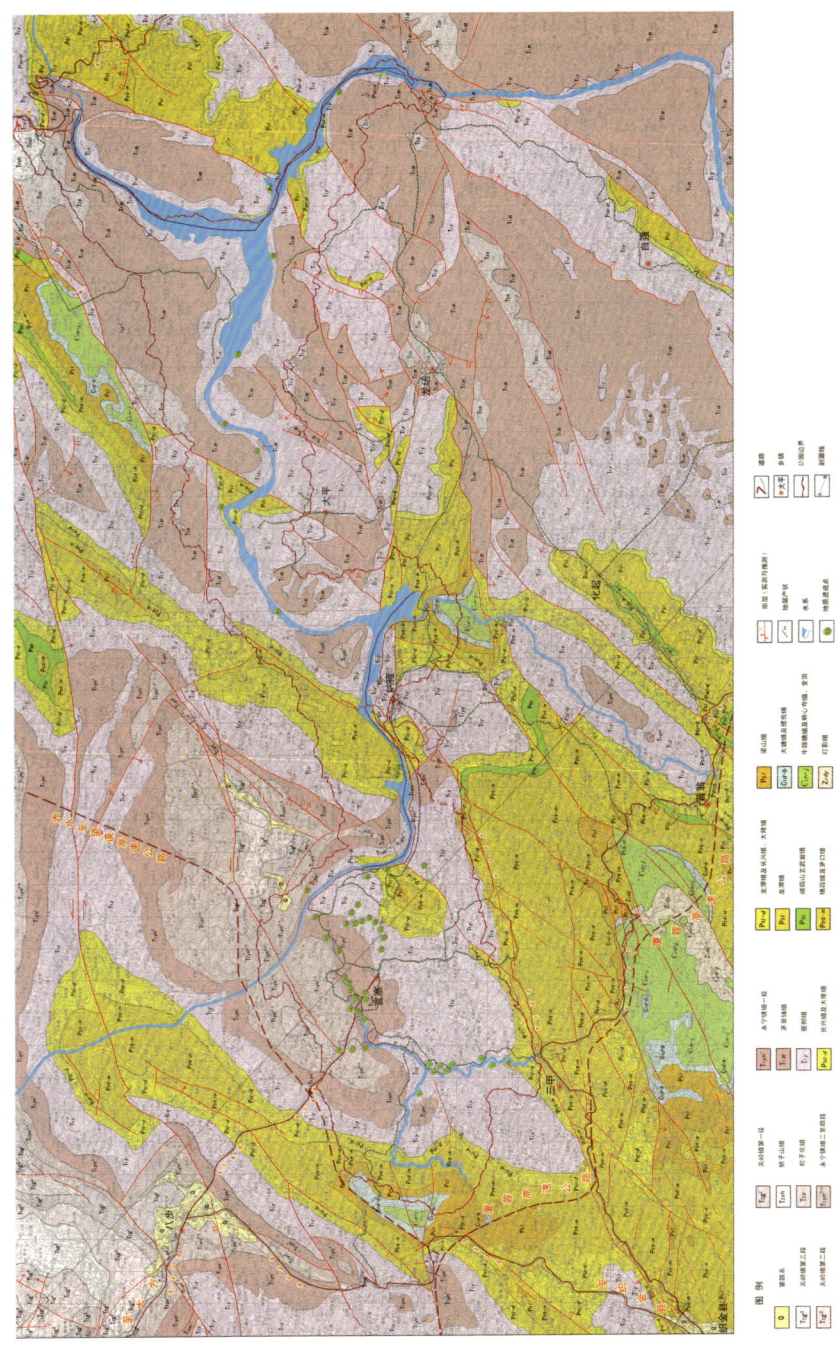

岩，其中下摆佐组块状粗粒白云岩及白云质灰岩仅有小面积出露。

二叠系为全区出露面积较广的一个系，缺失下二叠统。中二叠统包含梁山组、栖霞组和茅口组三个组；梁山组为灰色中厚层细粒石英砂岩、炭质页岩及泥岩，为相对隔水层；栖霞组和茅口组岩性相近，以浅灰至深灰色厚层至块状灰岩、生物灰岩、白云质灰岩、深灰色薄至中厚层硅质灰岩、燧石条带灰岩为主，夹白云岩、燧石条带及燧石结核，为强含水岩组，以含岩溶裂隙溶洞水为主。上二叠统分为峨眉山玄武岩、龙潭、长兴和大隆四个组。其中峨眉山玄武岩组位于底部，分布不连续；龙潭组为灰黄色—灰色中厚及薄层细砂岩、粉砂岩、泥质粉砂岩，夹粉砂质泥岩、页岩、硅质岩等，含煤数十层，为

隔水岩组；长兴组主要由灰、深灰色中厚层—厚层灰岩、燧石灰岩或泥质灰岩组成，常夹黄灰色砂岩、泥质粉砂岩、钙质粉砂岩、钙质砂岩、钙质泥岩等；长兴组为灰色厚层含燧石生物屑泥晶灰岩，顶部夹钙质粘土岩；大隆组以灰色薄层至中厚层硅质灰岩、硅质岩、硅质页岩为主，时夹砂岩、泥岩，并普遍夹有灰绿色斑脱岩化凝灰岩。

三叠系区内仅出露下统及中统之一部，但分布广泛，岩性以灰岩和含泥质灰岩为主，其间夹有多层碎屑岩，织金洞地质公园的岩溶景观大部集中发育于此套地层之中。其中下三叠统夜郎组出露面积较大，分为九级滩、黄椿坝和沙堡湾三个段。沙堡湾段和九级滩段主要为杂色薄至中厚层泥岩、砂质泥岩夹粉砂岩及粉砂质灰岩、泥质灰岩等，

为隔水层。黄椿坝段上部为浅灰、灰色厚层至块状含鲕粒泥晶灰岩，中部为浅灰、灰色中厚层至厚层泥晶灰岩夹少量介屑泥晶灰岩，下部为灰色、深灰色薄层介屑泥晶灰岩夹深灰色薄层灰岩及泥灰岩。此段为中等富水层，主要含溶洞裂隙水，岩溶发育，主要岩溶形态有岩溶洼地、落水洞及规模较大的溶洞，织金洞就全部发育于此段岩层中。

构造

本区构造线和地层总体走向呈北东方向，岩层发生构造变形的主要时期为燕山期，新构造运动的主要表现为间歇性的总体隆升。地层褶皱大多较紧密，背斜、向斜相间展布，背斜轴部多数被断层断开而地层出露不完整，但在几个景区展布地域内褶皱相对较为宽缓。区内褶皱对地下水运动及河流流向具有控制作用。如绮结河的上、下游分别受到碉边向斜及织金向斜的控制。区内断裂很发育，大部走向与褶皱一致，是具有压扭性和压性的逆断层。区内裂隙也很发育，主要为北东东、北西西及北北东、近南北几组。出水裂隙走向主要为南北、北东及北西三组。区内部分地表河流流向和地下溶洞走向明显受断层控制。

◀ 斜石盾
▼ 小型褶皱构造

地质发展演化史

贵州织金洞国家地质公园以其丰富的岩溶地质现象记录了贵州高原200多万年来的沧桑巨变,是中国西南高原峡谷区岩溶地貌形成及发展演化的典型代表,在岩溶地貌、岩溶水文地质、新构造、第四纪地质环境及古气候变化等方面具有重大的科学研究价值。

公园所在区域为扬子准地台稳定区,自震旦纪至三叠纪的4亿多年间,数度沧桑巨变,但均以震荡式的升降运动为主,未经历剧烈的褶皱运动,形成了巨厚的海相和陆相沉积岩层。受印支运动影响,三叠纪末期地层褶皱,地面抬升,结束了海相沉积历史。之后,转入间歇性抬升的构造活动时期,地层未再发生剧烈褶皱。至晚上新世(约300万~250万年前)时期,该地处于海拔较低(估计只有一百至数百米)、气候湿热、地

▼ 连绵的群山
▶ 石灰岩峡谷峭壁
▶ 十万大山洞厅中的石笋林

面起伏不大、湖沼遍布的热带—亚热带准平原环境。

受喜马拉雅运动远程效应的影响，早更新世（约250万～73万年前）早期，地壳开始整体隆升，准平原开始遭受剥蚀；早更新世晚期，地壳整体隆升进一步强化；早更新世末—全新世，地壳间歇性加速隆升，河流的下切和向源侵蚀作用逐渐加剧。与此同时，在湿热的气候环境下岩溶作用十分活跃。在同一地区，地面河流侵蚀和地下岩溶侵蚀或同时进行，或此起彼伏，地面河流与地下河流相互袭夺的现象十分普遍。由于受地壳隆升的间歇性、气候冷暖的波动性、大小河流下切侵蚀速度的差异性、多层可溶性岩石与非可溶性岩石交互叠置的沉积构造特点等因素的综合影响，该地区形成了多个高程、多种类型、多种发育程度、千姿百态、绚丽多彩的岩溶景观。织金洞岩溶公园的众多景观，即是在这种背景下形成的。而且，上述的各种地质作用进程今天仍在继续着。

典型地质遗迹景观

贵州织金洞国家地质公园是以岩溶地貌景观为主体的地质公园，公园内岩溶地质遗迹十分丰富，且成景率和成景质量很高。峰丛、峰林、孤峰、残丘、溶柱、天坑、溶洞、岩溶峡谷、岩溶湖泊、涌泉、暗河、天生桥和穿洞等地貌种类众多，分布集中。

▼ 巨大的石笋
▶ 双层天生桥
▶ 地下河及沙滩
▶ 小痴聋天坑

溶洞

贵州织金洞国家地质公园内溶洞众多，已做过探测工作的就有12个。其中，织金洞以洞厅宏伟、洞景壮丽、岩溶沉积物种类齐全形态美观而被誉为"天下第一洞"，是公园的核心景观。洞中的花瓣状石笋"银雨树"，前地质部部长孙大光看过后说：这不只是国宝，而应当是"球宝"——全球之宝。

绮结河岩溶峡谷与天生桥群

绮结河峡谷是一个典型的岩溶峡谷，由溶塌作用形成，长约8千米。绮结河在峡谷内四度流入溶洞之中形成伏流，其谷中约3.5千米的河段上，分布有上下两层共7座天生桥。由如此众多的天生桥组成的天生桥群，在我国的地质公园中，截至目前已知是绝无仅有的。

天坑群

园内已发现并探测了7个天坑，包括大痴聋、大罗圈、小罗圈、小痴聋、夹岩洞、大槽口、小槽口天坑等。它们均为喀斯特塌陷天坑，分布于绮结河下游峡谷两岸的峰丛洼地、丘峰洼地上。其中小痴聋天坑位于织金洞出口外旅游线路近旁。

科学研究

织金洞是一个多层次、多阶段、多类别、多形态的完整岩溶系统，是世界上已经开发的旅游溶洞的佼佼者之一。随着织金洞的开发研究和保护，地质专家在岩溶地貌、岩溶水文地质、新构造、第四纪地质环境及古气候变化等方面取得了很多研究成果。

1980年，贵州省人大主任徐健生、副省长吴实带队到织金考察，研究织金县旅游资源的开发问题，提出要根据织金县喀斯特地貌非常发育的地区特点，组织人员勘察溶洞资源。为此织金县立即建立了洞穴勘察队开展溶洞调查，于当年4月8日发现了织金洞——当时名为打鸡洞。同月，考察队又多次组织人员深入洞穴内部，发现了织金洞内的"霸王盔"、"桫椤树"、"广寒宫"、"银雨树"等景物景观，并对织金洞进行了初步评价，肯定其具有很高的旅游观赏价值，并采取了初步的保护措施。

▼ 华丽的石幔

紧接着拉开了织金洞区域内地质遗迹考察与开发建设的序幕。省内外各级领导对织金洞的开发、建设、道路等问题进行了多次考察指导。同时，多次组织媒体报道织金洞，拍摄图片组织展览宣传织金洞。提出了保护性开发的指导思想。

1981年5月杨汉奎等对织金洞进行了考察，认为织金洞具有较高的旅游和科研价值，今后可进行旅游开发，但开发前应该进行可行性评价和研究，并充分保护该洞穴。

1984年以织金洞内沉积景观照片为主题的"中国贵州溶洞奇观摄影展"在北京中国美术馆举行，获得巨大成功，织金洞引起了相关部门的重视。

1985年6月，徐健生先后5次到织金洞考察，确立了要把打鸡洞建设成世界一流风景区的指导思想。

1985年6月27日，中共中央书记处书记胡启立一行在省委书记朱厚泽等领导的陪同下视察打鸡洞，在视察过程中，胡启立提出将打鸡洞更名为织金洞的建议。

1985年9月2日，根据胡启立同志的建议，贵州省旅游局行文批示，将打鸡洞更名为"织金洞"。同年，中国—新西兰洞穴联合考察队在织金进行了为期3天的科学考察，重点考察了织金洞、金狮洞、响水洞和三甲河流域。中国科学院考察团14人考察织金洞。中英地质专家一行12人在中国科学院地化所相关人员陪同下考察织金洞。

1985年12月30日，由国家、省有关部门组织地质、洞穴相关专家20多人考察织金洞，认为织金洞提供了多学科方面的信息，可成为喀斯特学、岩石学、沉积学、新构造地质学、古地理学、古海洋学、古气候学的科研基地。

1986年，贵州省省委书记胡锦涛、省长王朝文率领省建设厅、省交通厅、省水电厅、省财政厅、省邮电局、省规划设计院等单位的领导及有关工程技术人员19人到织金专题研究织金洞的开发建设工作。

1986年1月，应织金县人民政府邀请，贵州省山地资源研究所的洞穴研究人员，对织金洞进行了为期20天的考察和录像。在这之后，撰写了《打鸡洞特征简介》一文，被贵州省地理学会1986年年会选为大会宣讲论文。1986年3月6日，贵州省人民政府邀请全国著名的建筑、设计、美术、灯光方面的专家、学者、教授等15人考察织金洞，对织金洞内外建设、织金县城规划和宾馆选址提出了建议。4月，省人民政府率领多职能部门领导和工程技术人员30多人考察织金洞，并审查了织金县城市规划。

1986年9月26日，由中国科学院地质研究所、贵州省科学技术协会、法国洞穴联盟青年洞穴潜水协会组成的中法联合考察队对织金洞及其周边的喀斯特洞穴进行了系统的探测。考察队中方队长为中国科学院教授张寿越，法方队长为法国洞穴联盟领导让·皮埃尔·巴巴瑞，队员由

中法双方各派14人组成。考察历时10天，重点考察了织金洞、大小槽口洞、苗洞、小黑洞、大小痴聋天坑等喀斯特地质遗迹，并对大部分洞穴进行了测量，绘制了实测洞穴图，出版了《GUIZHOU EXPE 86——中国贵州洞穴考察》一书。

1986年6月、1987年11月，贵州大学的沈冠军博士两次对织金洞内的氡及其子体浓度进行了测量研究。

1987年，为了对织金洞进行系统的研究，为洞穴的开发和保护提供科技支撑，贵州省喀斯特资源环境与发展研究中心（原贵州省山地资源研究所）承担了贵州科学院自然科学基金项目"织金洞成因及环境条件研究"，在该项目实施期间，项目组多次对织金洞的形成及演化、洞穴环境及洞穴形态进行了深入调查和研究，提出洞穴研究开发与保护建议，提交了"织金洞成因及环境条件研究"报告、织金洞景观图册和一系列相关图件，撰写了"天然岩溶洞穴环境工程"、"论喀斯特洞穴问题"、"织金洞的气候环境及空气中二氧化碳"等一系列科研论文。"织金洞成因及环境条件研究"项目还被评为1990年贵州省科技进步三等奖。

1988年，由美、英、法、联邦德国、荷兰、瑞典、中国等7个国家22名洞穴工作者组成的国际洞穴资源考察队，对织金洞区域洞穴进行了考察，认为织金洞在规模、形态和科学方面具有全球意义，可以列入世界洞穴名录。12月，著名科学家钱伟长考察织金洞。

1993年，织金洞正式成为亚洲第一个加入国际旅游洞穴协会的溶洞。 1992-1994年贵州省喀斯特资源环境与发展研究中心（原贵州省山地资源研究所）承担了国家自然科学基金资助的"贵州织金洞豪猪粪堆积层与古生态环境的相关性研究"项目，对洞中扫尾豪猪粪堆积

◀ 定海神针——细长杆状石笋

层的化学成分、结构、构造、孢粉组合及地质环境条件进行了全面考察和研究,对粪层进行了同位素测定。之后,许多国内外喀斯特洞穴的学者均先后到织金洞进行考察和研究,提出了许多具有建设性的开发和保护的建议和意见,发表了许多研究论文,如李景阳、安裕国、戎昆方1991年对织金洞进行考察研究后,撰写了"暗河型溶洞的形成和演化过程——以贵州织金洞等为例";1994年熊康宁和朱文孝撰写了"喀斯特地貌及织金洞形成"一文。1993年,安裕国等承担了贵州省自然科学基金项目,对织金洞的洞穴沉积物进行了系统的研究,提出了洞穴碳酸沉积物的生物成因观点,发表"贵州织金洞沉积物形成特征的初步研究"、"岩溶洞穴沉积物生物成因初探"、"初论生物成因的洞穴叠层石的形成条件"和《研究岩溶的新观点——以贵州独山南部、织金洞为例》等文章和论著等。

2003年,织金洞风景名胜区管理处与贵州省地质矿产局联合对织金洞地质公园内的地质遗迹发育、分布及演化进行了更加系统的野外考察,编制了《贵州织金洞岩溶地质公园综合考察报告》、《贵州织金洞岩溶地质公园总体规划报告》、《贵州织金洞岩溶地质公园可行性研究报告》、《贵州织金洞岩溶地质公园导游手册》等一套完整的国家地质公园申报材料和相关图件,并向国土资源部提交申请,申请织金洞地质公园为国家级地质公园,2004年获得通过,成为贵州获得的第一批四个国家级地质公园之一。

2012年,织金洞国家地质公园规划修编,对部分地质遗迹进行了调查。

▲ 洞中有洞

人文历史

历史沿革
织金民族风情
杰出人物

历史沿革

织金县历史悠久，县境在商、周时属鬼方，春秋时属牂牁国，战国时属大夜郎国。织金县城是贵州省首批历史文化名城。黔西县是祖国人类发祥地之一，属长江以南旧石器时代早期文化的代表，早在五六十万年前就有人类在黔西这片土地上繁衍生息。

▼ 今日织金
▶ 黔西县城鸟瞰

织金县

县境在商、周时属鬼方，春秋时属牂牁国，战国时属大夜朗国，秦时属巴郡汉阳县，汉属益州牂牁郡，蜀汉时属南中牂牁郡平夷县，蜀汉后期属罗甸国，晋时属宁州牂牁郡地，成汉时属宁州平夷郡，后秦时属宁州夜郎郡，宋齐时属宁州平蛮郡，梁、陈时属宁州羁縻州，唐时属罗甸国，宋时属绍庆府腪州，元时属八番顺元宣慰司亦溪不薛地的雷坡、磨坡、高桥、市北洞长官司，明时属贵州宣慰使亲领十三则溪的陇胯、的

都、朵里、阿架四则溪地。

清康熙五年（1666年），始建平远府，后降为州，曾隶（属）威宁府，后隶（属）大定府至民国初。

民国二年（1913年），平远州改为平远县；三年（1914年），更名为织金县，属黔西道；二十四年（1935年），隶属贵州省第二行政督察区（今安顺市）；二十六年（1937年），划归第四行政督察区（今毕节地区）。

黔西县

据沙井乡"观音洞"出土文物考证，黔西县是祖国人类发祥地之一，属长江以南旧石器时代早期文化的代表，早在五六十万年前就有人类在黔西这片土地上繁衍生息。夏、商时为梁州南徼外"荒裔"，商末周初属鬼方联盟的卢夷国，春秋、战国时先后为蜀国和鳖国地。秦嬴政二十七年入版图，属夜郎县。汉元光五年属鳖县。齐、梁之际，昆明夷闽支卢鹿部占据鳖县等地，实行部族统治。唐初，卢鹿部遥附。贞观中期，鸭池河、六归河沿岸入琰川县。武后万岁通天二年，基本以今县境置龚州。北宋沿置。皇祐至嘉祐年间，卢鹿部建立"罗氏鬼国"，州名消逝。元初，置亦溪不薛总管府和宣慰司。大德七年废亦溪不薛府、司。洪武十五年（1382年），筑水西城（今县城）；次年，置"龙九驿"中的谷里、水西、奢香（西溪）三驿站。崇祯三年（1630年）属水西宣慰司，水西城为设治地，分置则窝，以著则溪。

清康熙四年（1665年）置黔西府，辖则窝、以著、雄所三则溪。后废府置州，因在黔之西部，故名。乾隆元年（1736年），上拨四川叙永厅岩上、岩下二地入黔西州，全州划9个里、51甲、113寨。1913年置黔西县。

织金、黔西两县于1949年12月解放，隶属毕节区行政督察专员公署（1952年更名为毕节区专员公署）。1970年毕节专区改为毕节地区，2011年设立毕节地级市，两县仍隶属之。

中国国家地质公园丛书

织金民族风情

织金县是一个多民族杂居的县份，境内世代居住着汉、仡佬、彝、苗、白、布依、水、回等民族，少数民族人口占40%以上。在长期的生产和生活交往中，各民族共同创造了灿烂辉煌的文化，同时也发展了自己的民族文化。

▼ 背水女孩——织金苗族服饰和头饰之一
▶ 那威彝寨苗族舞蹈

民族节庆

以苗族"跳花节"、布依族"对歌节"、彝族"火把节"最具特色。

苗族跳花节：织金县的苗族跳花节每年数次，分别在不同的地方举行。活动规模最大的是县南珠藏镇的青山花场，每年农历7月13日以后的第一个"羊"日举行，参加者4万人左右，故又名"青山羊场"；其次是县东北部大平苗族彝族乡的箐脚花场，每年农历的2月18日举行。参加者2万多人，故又名"2月18坡"；第三是官寨

苗族乡的乌家山花场,每年农历2月11日举行,参加者1万人以上。

这些花场原先是每年轮流推举主持人,现由当地乡镇政府出面主持。节日将到,主持人便在花场选择开阔地段竖起花杆(也称花树),于杆顶扎上松枝和竹叶,形状如伞盖,伞盖下飘挂各色彩带及红布一定,杆脚放方桌一张,桌上放芦笙、烧酒等物品。活动开始,先由中年人开场,一人吹芦笙领舞,若干人徒手舞蹈跟随,按一定方向从外向内围着花杆转跳。从领舞之人起,各自转跳到花杆下的桌前,再返身逆向围着花杆转跳到起舞位置结束。此后是青年人入场,可以一人或多人吹芦笙领舞,若干人徒手舞蹈跟随,围着花杆如上述转跳。先跳进,叫"上花";后跳出,叫"下花"。舞蹈之时,周围站满环佩叮当的盛装青年男女,观赏舞者的翩翩舞姿,寻求自己的意中人。下花结束,主持人到杆下桌上斟酒敬给跳花人,向他们表示祝贺。一个轮次结束,另一批人又入场进行下一轮次的绕杆舞蹈,直至日暮收场,故叫"跳花",也叫"花坡芦笙舞"。

跳花场中若遇到两批以上的赌赛者,还要举行苗语名为"哽兜"或"格帕朵"的高难度芦笙竞技舞蹈比赛,项目有"啄天舞"、"踩

锅舞"和"踩麻杆舞"等。其中的踩锅舞就是吹着芦笙在装满水的大铁锅边沿舞蹈,水不能浪出、人不能着地,带有杂技表演性质;踩麻杆舞就是在地上铺满麻杆,表演者吹着芦笙在麻杆上跳舞,不能将麻杆踩破,有轻功技巧之妙。跳花活动之外,又另择场地举行斗牛、赛马、摔跤、拔河、射弩等各项活动,以供各兄弟民族的爱好者参加。

花场散后,附近人家邀约自己的远路亲友及同行的人到家中住宿,借此聚会,年纪长的交谈生产经验,并认识更多的亲友;未婚男女则借花场和留宿之机相认攀谈,以求知己、缔结姻缘。

布依族对歌节:每年农历的正月初四到十五和六月初六。地点主要在县东北边境的六冲河两岸。每逢集会到来,沿河两岸的布依族群众便身着盛装,聚集河边,选择若干适当之地作为歌场,对唱山歌。周围其他民族也前往参与,每个场次少者百人、多者千人。旷野开场对歌之外,布依族常借青年婚嫁的喜庆之家作为另一对歌场所,于招待客人酒宴的前夜或当晚举行对歌活动。这种场合的对歌，不同年龄的男女均可参加，屋里屋外挤满人，嬉笑对唱通宵达旦，又具另一风味。

特别是农历六月初六的节日最为隆重重，又叫过小年。每年这一天，布依族寨子气氛热烈，家家忙着杀鸡、煮肉、推豆腐、包粽子、吃杯子米，全寨呈现出一派欢乐的节日景象。

吃罢早饭，不管是本地或是远方来的亲朋好友都来到花地游玩，共度佳节。邻近几个县的小商小贩从四面八方赶来摆摊设点。市场上，各种日用百货应有尽有。人们云集花地，人山人海，一片欢腾。特别是青年男女，更是欢天喜地，兴味盎然。姑娘们穿戴着别致的"仲家"服饰，花团锦簇，手提粽子，怀揣用雄黄酒浸泡过的大蒜头和自己绣的花线球、香袋、花帕。一个个打扮得花枝招展，耀人眼目，三五成群，结队对歌。对歌分男女群对，也有个人单独对唱，整个花地，歌声此起彼伏，青年男女载歌载舞，尽情欢唱。

在对歌的过程中双方选择情投意合的伴侣，如两厢情愿，到倾心处姑娘就向中意的小伙子掷大蒜头、抛花线球、赠花帕或香袋，互交定情物，算终身相许。

到太阳快要落山时，对歌近尾声，姑娘们就邀请各自中意的小伙子回家过节，一家老小热情款待，摆出鸡、鸭、鱼、肉，吃"杯子米"做的饭，用"杯子米"酒杯喝酒，以示吉祥。

彝族火把节：每年农历4月24日和6月24日是彝族的火把节，地点在三塘镇的松树坪。节日当天，彝族同胞家家门前竖起未点燃的火把，在寨外选择平坦之地用木柴堆成塔形火炬。傍晚，男女老少手持火把汇集于塔形火炬周围，敲锣打鼓将塔形火炬点燃，大家围绕塔火舞蹈欢呼。随后各持火把游行于田

◀ 奔花场

▼ 射弩
▶ 磨磨秋

间，祈求风调雨顺、农业丰收。

民间体育活动

织金县的民间体育活动，主要的有射弩、当、锐钯、磨磨秋、滚龙秋几种。

射弩：属于竞技体育，以实兴乡最为普及，男女老少都练习。每逢节日，有弩者便携弩出猎，练习射击。多年来曾多次组队参加县、地、省直至国家举办的少数民族民间传统体育运动会，多次获奖。1992年贵州省第八届少数民族传统体育运动会授予实兴乡"传统民族体育先进乡"称号。

锐钯：属于武术体育，流行于上平寨乡大格支一带的苗族当中。表演时持锐钯于两手，或冲刺、或猛击、或防范，挥舞按"一拍、二杀、三挑、四压、五捣、六绕"的动作进行，颇具特色。

磨磨秋：各民族中均有开展，多在春节期间进行。玩时立木桩于野外，以桩顶为轴心，选一

长木于当中钻孔套在轴桩顶部,一组二人各坐长木一端,上下起落并顺时针或反时针方向旋转,犹如推磨,谁坚持不下去谁输。磨磨秋是乡间青少年喜爱的民间体育活动项目之一。

滚龙秋:又名"莲花秋",在彝族青壮年中盛行。春节期间开展。玩时选平坦之地立二木桩,二桩中部横穿一木,横木中部穿套一个梯状装置而可转动,梯两端各坐一人,扶稳坐好、上下翻转,有如莲花盛开。也可一人如单杠"大回环"式打转,惊险有趣。

织金山歌

织金山歌不管是唱苦情的还是唱恋情的,每一首都是"赋"、"比"、"兴"手法皆备的七言绝句好诗,生动形象,雅俗共赏,情趣良多。

如苦情歌中有这样一首唱单身汉的困境道:

单身汉(来)多吃亏,
得把米(来)罐罐煨。
手忙脚乱打破罐,
鼻子眼睛都是灰。

又如恋情歌中有一首唱初恋者三心二意拿不定主意的道:

天上星多月不明,
地上山多路不平。
朝中官多扰乱事,
花园花多扰乱心。

杰出人物

织金秦属巴郡，汉属牂牁郡，为仡佬族世居；晋以后彝族入主，宋、元、明为毗喇郡，清代为平远州，民国三年(1914年)以平远州城东有织金街、织金关得名而改为今织金县。自古至今，织金涌现出众多的历史文化名人。

▼ 丁宝桢雕塑
▶ 丁宝桢像

丁宝桢（1820-1886年）

晚清名臣，字稚璜，贵州平远（今织金县）织金牛场镇人。淮军名将，曾任江海关监督、山东巡抚、四川总督等职务，1886年死于四川总督任上，葬于山东济南。

丁宝桢是晚清洋务运动中的重要人物，"师夷长技以制夷"的典范，在台湾推动了电报、煤矿等民用企业开发；在山东巡抚任上治理黄河，创办山东机器局、尚志书院和山东书局；在四川总督任上改造都江堰水利工程、创办四川机器局、防范英军入侵云南和西藏。

丁宝桢为官清廉勤政，俸金多数用于济困助教，以致作为封疆大吏在病危时竟然债台高筑，只好上奏朝廷："所借之银，今生难以奉还，有待来生含环以报"。光绪帝动容而称"遽闻溘逝，悼惜殊深"；前山东巡抚阎敬铭亲撰《皇清诰授光禄大夫赠太子太保四川总督丁文成公墓志铭》，刻立于墓前，以昭后人。

丁宝桢一生事迹颇多，其中流传最广最久的有两样，一是智斩慈禧宠宦安德海，二是"宫保鸡丁"。

智斩安德海

安德海祖籍直隶青县，10岁入宫，充内廷太监。由于他办事机敏，善于察言观色，因此深得慈禧太后欢心，成为慈禧太后身边备受宠信的大红人。之后,安德海恃宠而骄,虽然只是六品的蓝翎太监,却连小皇帝载淳、恭亲王奕䜣等朝中大臣亦不放在眼里。安德海还经常搬弄是非,挑拨同治和慈禧太后的母子关系,使得小皇帝常被慈禧太后训斥。他目无皇帝,越权胡为,已经到了令同治皇帝忍无可忍的地步。

同治八年(1869),久在宫闱的安德海想出宫游玩并借机敛财,遂借口预备同治帝大婚典礼,再三请求慈禧太后派他到江南置办龙袍、预备宫中婚礼所用之物,获得慈禧太后许可。有了太后的支持,安德海置清朝不许太监擅出宫禁的祖制于不顾,带领着一班随从,前呼后拥地出京了。

有鉴于明朝太监专权祸国的历史教训,清朝对内廷太监的管理一直异常严格,坚决防止太监干预朝政。开国之初,顺治帝就于顺治十年(1653)颁布上谕,对太监管理做出了规定:一、非经差遣,不许擅出皇城;二、职司之外,不许干涉一事;三、不许招引外人;四、不许交接外官;五、不许使弟侄亲戚暗相交接;六、不许假弟侄名色置买田产,从而把持官府,扰害民人。两年后,顺治帝又命工部将严禁太监干政的上谕铸成铁牌立于宫内交泰殿门前,以示警戒。

这道上谕后来成为清朝皇室的祖宗家法,但凡有太监触犯,多会被处以极刑。同时《钦定宫中现行则例》还规定:太监级不过四品,非

奉差遣,不许擅自出皇城,违者杀无赦。安德海当时只是六品蓝翎太监,仗着慈禧太后的宠爱,在未知会任何官方衙门的情况下,便违反祖制、擅出宫禁,最终为他招来了杀身之祸。

安德海虽号称钦差,却并未携带任何公文,一路又过于威风张扬,因此在途经山东德州境内时,德州知州赵新闻讯对此颇感费解:既是钦差过境却为何未接到"明降谕旨"并部文传知(按例清朝派遣大臣出京,军机处外发公文,沿途地方官员按礼迎送)?仆役下船购买物品也未出示"传牌勘合"(清朝奉命出

京兵员由兵部签发身份证件，途经各地，不需花钱买东西，可凭证取得地方官府供应的物资)。为谨慎起见，赵新立即将此事上报巡抚丁宝桢。

丁宝桢早就对安德海的仗势骄横非常愤慨，接报后立拟密折，痛陈安德海种种"震骇地方"的不法行径，并申诉了自己职守地方，"不得不截拿审办，以昭慎重"的充分理由：一、清朝二百余年不准宦官与外人交接，"亦未有差派太监赴各省之事况"；二、龙袍系御用之衣，自有织造谨制，不用太监远涉糜费，且皇太后、皇上崇尚节俭，断不须太监出外采办，即使实有其事，亦必有明降谕旨并部文传知；三、太监往返照例应有传牌勘合，绝不能听其任意游兴，漫无稽考；四、龙凤旗帜系御用禁物，若果系内廷供使的太监，自知礼法，何敢违制妄用；五、出差携带女优，尤属不成体制。

八月二日，安德海在泰安县被知县何毓福抓获，与其随从陈玉祥等三人随即被先行押往济南，由丁宝桢亲自审讯。八月六日，丁宝桢接到由军机处寄发的密谕，内称："该太监擅离远出，并有种种不法情事，若不从严惩办，何以肃宫禁而儆效尤。著丁宝桢迅速派委干员于所属地方将六品蓝翎安姓太监严密查拿，令随从人等指证确实，毋庸审讯即行就地正法，不准任其狡饰。如该太监闻风折回直境，即著曾国藩饬属一体严拿正法。倘有疏纵，惟该督抚是问，其随从人等有迹近匪类者，并着严拿分别惩办，毋庸再行请旨。"八月七日，丁宝桢亲自查验确实后，遵旨将安德海就地正法于济南，此日距安德海被抓不过五天。

这件敢在太岁头上动土的惊人之举，一时震惊满清朝野，曾国藩赞叹丁宝桢为"豪杰士"。权阉安德海伏法，也使得朝野上下人心大快，一时"丁青天"之誉传遍民间。

宫保鸡丁

宫保鸡丁的来历与丁宝桢有关，有四种传说：

一说：丁宝桢一向很喜欢吃辣椒与猪肉、鸡肉爆炒的菜肴，据说在山东任职时，他就命家厨制作"酱爆鸡丁"等菜，很合胃口，但那时此菜还未出名。调任四川总督后，每遇宴客，他都让家厨用花生米、干辣椒和嫩鸡肉炒制鸡丁，肉嫩味美，很受客人欢迎。后来他由于戍边御敌有功被朝廷封为"宫保"，

人称"丁宫保",其家厨烹制的炒鸡丁,也被称为"宫保鸡丁"。

二说:丁宝桢来四川,大兴水利,百姓感其德,献其喜食的炒鸡丁,名曰"宫保鸡丁"。

三说:丁宝桢在四川时,常微服私访。一次在一小肆用餐,吃到以花生米炒的辣子鸡丁,叫家厨仿制,家厨以"宫保鸡丁"名之。

四说:丁宝桢喜食织金地方今天仍很流行的辣子鸡,到四川后该菜流传到地方,经当地厨师改造而成今天的四川名菜"宫保鸡丁"。

"宫保"为当时的一个荣誉官衔,今人大多已不知其为何物了,以致将"宫保鸡丁"写成了"宫爆鸡丁"。但不管怎样,"宫保鸡丁"也算得上是丁宝桢留给后人的一个纪念。

◀ 宫保鸡丁

李世杰(1716-1794年)

字汉三,号云岩,贵州黔西县隐者坝(今城关镇黎明村)人。乾隆九年(1744年)任江苏常熟黄浦泗巡检,两年后升任江苏金匮县主簿。江苏巡抚庄有恭,两江总督尹继善赏识其才干,二人共同出资,并具奏折历陈其才能,为他捐资买了个知州的正六品官,李世杰知道原委后分外感激,拜谢了二位恩师后,于乾隆二十二年(1757)赴任泰州知州。五年后,因政绩卓著经巡抚陈宏谋保荐升任镇江知府。乾隆皇帝下江南巡视,李世杰受上司之令安排迎驾等诸多事务,本着"不扰民,不奢华"的原则,把办站迎驾之事办理得井然有序,很得乾隆皇帝的赏识,南巡回宫后就提升他为安徽宁池太广道道台。任上,他除奸商振兴经济,施铁腕戒赌禁娼,任职两年的时间里,使安徽太平府到广德县一带呈现出一派繁荣兴旺的景象,受到巡抚高晋的赞赏。乾隆三十六年(1771年)五月,升任四川盐驿道,七月擢升任四川按察使兼行巡抚职,总理清军征剿大

- 李世杰雕塑
- 中瑞科学考察团1927年秋离开包头，左起第一人为丁道衡

小金川南路军的粮饷。乾隆四十年，任湖北布政使，乃留军督饷。乾隆四十四年，任广西巡抚。乾隆四十六年，任湖南巡抚。乾隆四十七年，任河南巡抚。四十八年，任四川总督。乾隆五十年，李世杰七十岁，进京入觐，参加皇帝举办的千叟宴。乾隆五十一年，调任江南总督。五十二年，再次调任四川总督。乾隆五十五年三月，进京入觐，授兵部尚书，赐紫禁城乘肩舆。后因江苏句容官吏侵蚀钱粮漕米，皇帝责备李世杰身在两江而未觉察，命其以原品级退休回原籍养老。乾隆五十九年，李世杰去世，享年七十九岁，皇帝赐祭葬，授谥号"恭勤"。

读书不多的李世杰在为政期间，深感文化知识的重要，在政务之余刻苦攻读，砥砺学问，大有长进，以致史家都不得不称赞他"仕而后学"、"兼资文武"。他每到一地作官，都很重视教育，在任镇江知府时，带头捐资创建"宝晋书院"；任安徽宁池太广道时，又创办了"中江书院"，鼓励百姓送子读书，为国家培养人才。乾隆四十四年（1779）回乡服母丧期间，捐资在东门狮山麓下修建了文峰书院，首开黔西创办书院的先河。就在他因病告老还乡之前，还念念不忘为家乡学子请命。他深知贵州偏远落后，人民贫穷，举子进京应试，常因路途遥远，程资匮乏而贻误考期。更为贫穷的举子因凑不足沿途盘费而望京兴叹，也因之埋没了许多优秀人才。他面奏乾隆皇帝备说其原委，望皇上予以体恤。乾隆皇帝感其拳拳爱民之心和为国家选拔人才的至忠至诚，立降谕旨："饬沿途府州县，凡贵州举子进京应试，均以火牌（紧急文书）资送。"这一特殊的待遇一直执行到清朝末年，对贵州教育文化

事业的发展作出了积极的贡献。

李世杰从一名"捐例"小官到封疆大吏,一品重臣,他非科举正途入仕,却能政绩卓著,受民众拥戴和朝廷重用,在乾隆年间的封疆大臣中实属少见。他仕而后学,兼资文武,政绩卓然,在清史上留下了光辉的一页。

丁道衡(1899-1955年)

丁道衡,织金县牛场镇人,我国著名地质学家,1926年北京大学毕业。1927-1930年参加中瑞科学考察团赴我国西北地区考察,发现了内蒙白云鄂博铁矿。1934-1937年留学德国,先后在柏林大学和马堡大学学习,获博士学位。回国曾先后在北京大学、武汉大学、贵州大学、重庆大学等多所大学任教。解放后历任贵州大学校务管理委员会主任委员(校长)、贵州省人民政府委员、西南军政委员会委员、西南军政委员会文化教育委员会副主任、重庆大学地质系主任、全国人大第一届代表,兼任重庆市人民委员会委员和政协委员、九三学社中央委员、九三学社重庆分社副主任、中国地质学会重庆分会理事长。1955年因操劳过度突患脑溢血在重庆逝世,享年56岁。丁道衡在其短暂的一生中为我国地质事业做了巨大贡献,培养了不少地学人才。

谌湛溪

名立,字祖恩,湛溪为号。清光绪八年(1882)生,平远州(现贵州省织金县)北门大水沟人。十岁能诗,十二岁参加光绪甲午(1894)科大定府(现贵州省大方县)考,中秀才,时人誉为神童。后就读贵山书院,成绩优异,被贵州省学政批准食廪。1904年经礼部批准进入京师大学堂(北京大学前身)深造,1908年毕业。1910年与我国著名学者赵元任、胡明复、周仁、胡适、竺可桢、过探先、钱崇澍等一道考取第二批庚款留学生，就学于美国纽约哥伦比亚大学地质系，获博士学位。1917年回国，历任湖南益阳板溪锑矿工程师（1918年）、山东中兴煤矿（现山东淄博煤矿）煤师、河北唐山煤矿局技正（总工程师）、河北井陉煤矿局技正（1923年）、东南大学（南京大学前身）教授（1923－1925年）、北洋大学（天津大学前身）教授、厦门大学教授（1926年）、江西萍乡矿务局技正（1927年）、铁道部技正（1928年）、焦作煤矿技正、烟筒山铁矿技正（1929－1931年）、石景山铁矿技正、贵州省建设厅厅长（1935－1936年）、云南省个旧锡矿勘探队技正、交通大学唐山工学院(抗日战争时期该院迁贵州平越即今福泉县)教授（1939－1944年）、贵州大学教授（1946－1953年）、昆明工学院教授（1954－1958年）。1956年退休，定居贵阳，1958年逝，享年76岁。

谌湛溪先生是贵州地学先驱，是贵州省接受过系统性近代地学教育并曾活跃在中国近代地学舞台上的第一人，曾为近代地学知识在我国的应用和传播做了不少贡献。谌湛溪先生曾参与中国科学社、中华民国大学院中央研究院地质研究所、中国地理学会的草创，在从教期间为我国培养了众多的地质矿产科技人才。

▲贵州大学工学院矿冶系35级（1946）毕业纪念照，前排左起第三人、第四人为丁道衡、谌湛溪

游览织金洞

织金洞景区
东风湖景区
绮结河景区
地方旅游

　　织金洞国家地质公园含织金洞、东风湖、绮结河3个景区，各具特色。

　　织金洞景区为公园的核心景区，公园的管理机构、接待服务主要设施、地质博物馆等皆位于该景区之内，以号称地下天宫的织金洞地下岩溶景观为该区的主要观赏内容，此外地上还有天坑、石芽、溶沟、地层界面等地质遗迹景观，及盆景园、奇石园等人为景观。东风湖景区以水上游览为特色，荡舟湖上，饱览湖光山色，欣赏乌江源百里天然画卷，考察大自然开凿的地质大剖面，观赏两岸的峭壁、悬崖、柱峰、瀑布、地层、褶皱、溶洞、岩溶孔隙、钟乳石等地质遗迹，还可欣赏沿岸的村寨农舍、民族歌舞。绮结河景区，以岩溶峡谷地质遗迹景观为特色，地下河、天生桥、岩溶箱状谷、天坑、多层溶洞、岩溶悬谷等地质遗迹为主要观赏内容。

　　天物之中，水之性至柔，石之性至坚。游览过织金洞国家地质公园，您会看到至柔之物是如何攻克至坚之物，将其任意雕凿成千姿百态；您会感受到水的威力之强大，感受到大自然鬼斧神工造化的奇妙；您的眼界会为之大开，思绪会为之大开。织金洞国家地质公园奇妙景观之中蕴含着大量有趣的科学知识和难解的科学谜团，有待您收获和破解。

　　织金、黔西两县，山川秀丽，气候宜人，物产丰富，文化积淀深厚，游过织金洞地质公园之后，您还有许多去处可供选择。

织金洞景区

织金洞囊括了当今世界溶洞中的各种沉积形态,它既是一座地下艺术宝库,又是一座岩溶博物馆,堪称"世界奇观"。走入织金洞,就等于进入了一个神奇的童话世界,眼望着满洞的奇珍异宝,游人禁不住惊叹连连。著名作家冯牧曾题诗赞叹:黄山归来不看岳,织金洞外无洞天。

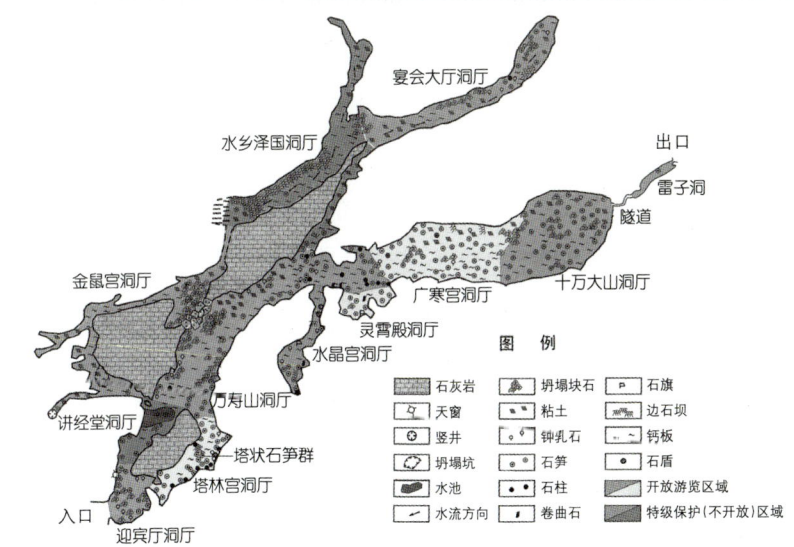

◀ 天下壮观的岩溶洞穴
▲ 织金洞景观分布图

织金洞发育在三叠系夜郎组黄村坝段灰岩地层中。岩层走向南西西,倾向北北西,倾角平缓,为 12°～20°,总厚度为 314 米,主要为厚层、中厚层及薄层灰岩,质地较纯。

织金洞早在上新世至更新世初期就已经开始发育,经历了 200 多万年的漫长历史,今天织金洞的成洞作用仍在进行。织金洞在其形成演化过程主要经历了四个时期:1.喀斯特岩洞化阶段——约在早更新世晚期至中更新初期。2.洞顶崩塌期——中更新世中期(35 万年前左右)。3.粗大石笋堆积期——中更新世中期至晚期(距

殿、广寒宫（银雨宫）、十万大山、金鼠宫、水乡泽国、漫谷长廊、宴会大厅、北海垄等13个洞厅。厅堂面积上万平方米的有5个，其中最大的"十万大山"洞厅面积达7万余平方米。目前开放游览的有迎宾厅、塔林宫、万寿山、灵霄殿、广寒宫（银雨宫）、十万大山6个洞厅，其余洞厅仅供科学研究考察之用不开放接待游客。

洞内各类沉积洞石千姿百态，美妙绝伦，大者高达数十米，粗犷雄伟，小者细如游丝，玲珑剔透，把一个个溶洞厅堂装点得或如雄奇壮丽的地下山川，或似秀丽的山乡田园，或似金碧辉煌的皇宫宝殿，或似温馨秀丽的闺阁绣楼。整个溶洞，宛如一个巨大的洞石博物馆，几乎囊括了所有的溶洞堆积物类型；又恰似一座宏大的地下天然艺术宝库，无数精妙美丽的洞石，均为极其珍贵的天然艺术品，有不少是盖世无双的极品。

今25万年~35万年左右）。4.细长石笋堆积期——约从10万年前开始持续至今。

织金洞是一个四层迷宫状旱溶洞。全洞至今已探明总长度12.1千米，共有13处大厅，47个厅堂，总面积70多万平方米。洞道最宽跨度达175米，最大高度达150米，厅堂面积上万平方米的就有5个，其中最大的"十万大山"洞厅面积达7万余平方米。织金洞有迎宾厅、塔林宫、讲经堂、万寿山、水晶宫、灵霄

迎宾厅洞厅

织金洞洞口巨大，入洞后的第一个洞厅就是迎宾厅。迎宾厅内有日月同辉、双狮迎宾、金蟾望月等景观。

迎客松

左面洞壁上有三层岩石相叠，长满绿色植物，就像一株苍翠的"迎客

松"。

洞顶上往下突出的岩石称为钟乳石,也叫石钟乳。它们好像列队的鱼群,跳跃着欢迎游客。

双狮迎宾

与钟乳石相反,从地面向上"生长"的洞石叫做石笋。织金洞中的石笋数量众多,大小悬殊,千姿百态,奇妙无比。在迎宾厅里底部,有一组惟妙惟肖的象形石笋,仿佛一对狮子前来迎接游客的到来,左边的狮王威风凛凛,右边的小狮憨态可掬。

日月同辉

进入迎宾厅内回望上方,左为进洞口,宽阔高大;右为天窗。洞口如日,天窗似月,故名"日月同辉"。如果遇到晴天,阳光如万颗金针直射洞底,洞内的水蒸气在阳光中飘渺弥

◀ 迎客松
▲ 双狮迎宾
▼ 日月同辉

- ▲ 天窗
- ▼ 大力神杯
- ▶ 琵琶宫
- ▶ 塔松状石笋
- ▶ 金塔之城

漫,云蒸雾绕。天窗周围下滴的水珠,经阳光折射,又如一枚枚金币从天而降,十分绚丽。

金蟾望月

双狮迎宾的旁边是金蟾望月,大蟾蜍头上有一个小蟾蜍,对面的石窟里还有一个,一共四个。

大象藏形

在迎宾洞洞厅深处不太为人注意的地方,还有一个象形石笋,酷似一只庞然大象悠然站立,它微垂象鼻,惟妙惟肖。

塔林宫洞厅

塔林宫洞厅内有塔状石笋林、塔松状石笋、棒槌状石笋、拐状石笋,色彩靓丽,造型奇妙美观。特别是塔松状石笋,花瓣呈螺旋状排列,其成因之谜至今尚未解开。

祥云

在塔林宫洞厅水池里的有一根石笋,像冉冉升起的一朵祥云,也有人说它更像足球世界杯的"大力神杯"。石笋高十余米,织金洞内发育如

此大量的粗大石笋说明这一时期降水量较大，洞内滴水丰富，石笋生长发育快。同时由于洞顶高，水流量大，使洞底的滴水溅水面较大，从而发育较粗大的石笋。

李白
在"祥云"石笋的不远处，又有一个石笋，丰姿伟岸，潇洒俊逸，酷似诗仙李白在昂首吟诵着不朽的诗句。

鹬蚌相争
这一片像梯田一样的景观叫石梯田，地质学上的名称为"边石坝"。边石坝里正演绎着一场无声的厮杀：一只河蚌正张嘴缠斗一只鹬鸟，双方针锋相对，互不示弱。旁边石笋如一位渔翁，佯装垂钓，伺机捕捉。大自然在这里再次为我们诠释了那个富有哲理的成语——"鹬蚌相争，渔翁得利"。

琵琶宫
琵琶宫洞壁上方有一张倒挂着的琵琶，造型逼真，琴弦分明。传说为天宫里琵琶仙女所用。这张"琵琶"的地质学名称叫直石盾。

金塔之城
数十座高大粗壮的石笋，如金色宝塔林立。它们酷似古罗马的城堡。仔细观看，这些石笋是一层层滴水沉积物逐渐加高加宽形成的，有的地方

出现了风化现象。

龙虎相约

金塔城右前方有一座塔状石笋，恰似一幅群虎下山图。画面中，数十只猛虎比肩接踵，竞相扑来。下方的一只小虎，头、身、四肢，更是分明可辨。奔扑在最前面的那只虎，血口大张，气势凶猛。群虎的侧面，一条巨蛇与虎结伴而行，因为传说中蛇是龙的前身，故此景称为"龙虎相约"。

◀ 琳琅满目的石笋
▲ 相见恨晚

万寿山洞厅

万寿山洞厅十分宏大,在巨型石笋、石梯田的装点之下,洞景犹如地下山川。主要景点有福禄寿三星聚会、婆媳情深、延安宝塔、苗岭梯田等景点。

炼丹炉

炼丹炉为一红色透明石笋,是碳酸钙沉积物中富含红色矿物质所致。在光线映照下微微透出红色,宛若太上老君的炼丹炉。在炉旁,三个象形石笋像三只寓意吉祥的凤凰守护着炉中的仙丹妙药。

雪狮狗

万寿山洞厅一小巧精致的象形石笋,酷似一只可爱的雪狮狗。它全身雪白柔顺的毛,一双眼睛充满灵气,惟妙惟肖,活灵活现。

▼ 婆媳情深
▶ 三星聚会

婆媳情深

婆媳情深是万寿山洞厅中最具代表性的象形石笋之一。在灯光的烘托映射下,一前一后两个的石笋仿佛相亲相敬的婆媳俩。前面的一位弯腰驼背的老婆婆,后面是她那贤慧孝顺的媳妇,一头时髦的卷发,怀抱哺乳的婴儿,正在给老婆婆捶背。这幅灯光剪影称为"婆媳情深",象形石造景形神兼备,大自然的神奇造化正体现了中华民族尊老爱幼的传统美德。

三星聚会

万寿山洞厅内高耸的三株巨大石笋,酷似福、寿、禄三星,故名三星聚会。中间的一位是寿星,长须下垂,手拄拐杖,神形兼备,意态逼真。

万寿山

万寿山洞厅中有一座洞中之山,就是万寿山。万寿山为洞顶崩塌岩石堆积而成。

铁山云雾

站在万寿山的西南面,回望后方,远方云雾缭绕,红光折射,如同朝阳从群山之间喷射而起,称为"铁山云雾";多种灯光的组合,犹如万家灯火,有人说,难怪织金洞坐落于官寨苗族乡,它好像乌蒙山寨的一个

缩影。

飞龙在天

此处洞厅宏大，洞顶酷似云雾缭绕的天穹，其上有九条巨龙在腾飞，龙头、龙尾、龙身清晰可辨，威武雄奇，栩栩如生。姿态优美自由，形象苍劲有力。此景名为"九龙飞天"。在龙的旁边，五彩的凤凰时隐时现。这幅场景还可以用八个字来形容：飞龙在天、有凤来仪。

蒙古包 延安颂

右面这一粗大的帽状石笋，好似草原上的蒙古包。前方船形岩石上的塔状石笋与后方洞体岩壁上的众多窟窿相组合，来这儿参观的陕西客人说，潺潺延河水，光芒四射的灯塔，好像革命圣地——延安宝塔。

◀ 各种形状的石笋
▲ 飞龙在天
▼ 宝塔山

倒石芽和溶沟

本洞厅旁侧高度为1.5～2米，面积约25平方米的偏洞中，洞穴顶板发育长数米，深3～5厘米的网状沟槽和向下突出的基岩倒石芽，是洞中所见较为典型的小型溶蚀—冲蚀地质遗迹，应为洞穴在洪水期洞顶封水时，水流脉冲浪蚀作用形成，证明织金洞寿星官洞段曾经受到地下河流洪水作用。

灵霄殿洞厅

灵霄殿洞厅不是十分巨大，但却十分华丽，金碧辉煌，其美丽为人造宫殿所无法比

▼ 灵霄殿洞厅
▶ 华丽的石幔

拟。洞厅中形形色色的石幔、石笋、石钟乳、石柱琳琅满目。人处其中，不由得不赞叹大自然鬼斧神工的奇妙。

擎天一线

中国古代神话传说中，天空是由八根大柱子托住的，被称为"擎天柱"。灵霄殿洞厅的擎天一线仿佛就是其中的一根，它全长37米，顶天立地，纤细修长，精致玲珑。它的下端生长着好几丛石花，花瓣层迭，形状就像一只只向上攀援的猴子。所以又叫"群猴登天"。

"擎天一线"在地质学上称为石柱，石钟乳和石笋不断相向生长，最后两者上下相连则而形成石柱。这个相对较细、粗细均匀而且非常高大的石柱非常罕见，说明形成过程中，滴水水量和水中碳酸钙含量长期保持了稳定。

百尺帷帘

灵霄殿洞厅内一处非常壮丽的景观，它像一个巨大的舞台，庄严、华美、气势恢弘。而舞台的大幕只在左边拉开了一半，显得非常神秘。右边的这一帘没有拉开的大

幕，长百余米，高数十米，瑰丽堂皇，显示出了天堂的富有与豪华。这种酷似帷幔的洞石景观在地质学上的名称为石幔，又叫石帘或石帷幕。石幔可分为悬挂型石幔和落地型石幔。悬挂型石幔主要是由渗流水沿洞壁向下漫流时，片状流水沉积的碳酸钙未达洞底，石幔悬挂于空中或洞壁上，它保持着水流的自然形态，如同千姿百态的瀑布群，从天河倾泄而下，气势磅礴。

灵霄宝殿

灵霄宝殿中一尊尊洁白无暇的仙官，济济一堂，毕恭毕敬。一根雪白晶莹的石笋，使人联想起当年思凡下界的织女用过的纺锤。这种纺锤状石笋说明了在其堆积形成过程中，早、晚滴水量期少，沉积均匀，中期物源和滴水频度变大。

◀ 天 使 的 寝 宫 —— 石 幔 （石帘）

▼ 纺锤状石笋

▼ 广寒宫洞厅一角
▶ 接天玉树——花瓣状石柱

广寒宫

广寒宫洞厅又称银雨宫，洞厅巨大宏伟，数量众多、形形色色、大小参差的石幔、石笋、石钟乳、石柱在洞厅中排列错落有致，洞景气势恢宏、壮丽辉煌。本洞厅中不少地质遗迹景观堪称盖世珍宝，如洁白如玉的"银雨树"、惟妙惟肖的"霸王盔"、华丽雄伟的"擎天柱"、气势恢宏的"大画壁"。

御膳用品：白菜、花菜

在这不长的路段边，我们可以看到惟妙惟肖卷心大白菜、花菜，这是天宫御膳房必不可少的蔬菜。

接天玉树

形形色色的石花贴附在巨大的石柱上，汇聚成了一株高大挺拔的玉树，层层叠叠，形态雍容华美，被称为"接天玉树"。

玉树下边这些石笋，千姿百态，如同一簇开

放的石花在争奇斗艳。因此叫"石花争艳"。

讲武堂

接天玉树的后面不算宽阔的场地周围，插满了十八般武器，仿佛是天宫里的演武厅。

霸王盔

霸王盔是一株14米高的石笋，酷似于古代西楚霸王项羽的头盔。项羽与刘邦共同推翻秦王朝的统治以后，两人又展开了夺取江山的楚汉相争。结果，项羽战败，自刎于乌江。项羽为了不给狡诈的刘邦留下笑柄，自刎之前令手下带走了他的头盔，手下人就把头盔带进织金洞。两千多年后，人们打开了织金洞，这顶霸王盔才受到了游客的关注。它非常贵重，一般的战将是没有资格佩戴的，只有那位"力拔山兮气盖世"的"西楚霸王"，才能担当得起，所以叫它"霸王盔"。

大壁画：江山如此多娇

这幅巨大的壁画，名叫"江山如此多娇"，是广寒宫里最重要的一道风景。画幅连绵二百余米，气势宏伟。它是由形状各不相同的石帘、石柱、石笋、石钟乳构成的山水画长卷，有点像人民大会堂里悬挂的那幅大型国画"江山多娇"。不同的是，这是大自然的杰作，由溶洞滴水堆积构成，而且是立体的，浮雕，圆雕，跌宕起伏，精妙绝伦。古人说，"诗中有画，画中有诗。"这幅大壁画，就是一首大自然的长诗，一支浑然天成的交响乐。这幅壁画的"大"和"美"，在全世界的溶洞中极为罕

见，它和我们刚才看过的"霸王盔"、还有即将看到的"梭罗灵芝"、"银雨树"等绝妙景观都汇集于广寒宫，使广寒宫无可争议地成为织金洞的"皇冠"。

桫椤树

桫椤树高70余米，高大挺拔，枝繁叶茂，形态优美，举世无双，作为月宫里的标志树的确当之无愧。而且，这株桫椤树还是一株人人需要的保健树。请仔细看，那桫椤树上长满了活鲜鲜的灵芝。大家可能不知道，当年白蛇就是来这里采摘了灵芝，才挽救了她爱人许仙的生命。

佛影仙踪

漫步天宫，随时都会遇到各路"神仙佛祖"。前边那座悬崖，正有五位神仙在眺望着我们，中间的一位是南极仙翁，他精通中医，刚从山上采药归来，背上的箩筐里还有一只灵芝仙草。不知是不是从前面的"灵芝山"上掰

▲ 霸王盔
▼ 广寒宫宛若仙境

▲ 鳄鱼与妇人
▼ 银雨树
▶ 姊妹树

下来的，此景名为"仙翁采药"。

景物群组：霸王鞭、天鹅戏水、孙悟空、三级跳台

左边岩上是8米长的霸王鞭，西楚霸王项羽的银鞭，当年在破秦击汉的战争中，项羽用这条银鞭取得了赫赫战功。旁边还有象形石天鹅戏水和手执金箍棒的孙悟空。

前面左上方，悬挂着三层圆台，如皇帝出行用的华盖，三者的形体相像，颜色一致，距离相等，都是13米，我们还可以认为这是跳水运动中的三级跳台，时刻等候着运动员的光临。这种洞石的地质学名称叫做平石盾。

鳄鱼

一条强悍的鳄鱼蹲在路旁，它承担着一个光荣的任务——护卫"国之瑰宝"银雨树。

银雨树

银雨树为花瓣状石笋，也有人称之为棕榈状石笋，高17米，如象牙雕刻一般，洁白晶莹，玲珑剔透，鬼斧神工，亭亭玉立。银色的花瓣，从根部一轮轮地迭生到了顶端。

纵观它的形成历史，那从高高的穹隆上垂落的水滴，已经滴过了不知多少年，曾经塑造过一株同样美妙的银雨树，几十万年前的一次地壳运动，使那株树坍塌了。但是，我们的织金洞不屈服于任何厄运，又在坍塌的废墟上继续塑造新的银雨树。若干万年以来，凭着执著韧性，凭着专注一心，凭着得天独厚的地理地质条件，终于将这株举世无双的银雨树重新塑造出来了。

俗话说水滴石穿，在织金洞却是"水滴生石"。水滴石穿是一种被动的消耗，而水滴生石却是一种主动的创造！十几万年时间，形成银雨树的两个条件始终不渝，这只能说明这棵银雨树真的是天造地设，是大自然的鬼斧神工。

如果说织金洞是一首优美动人的诗，银雨树就是最激动人心的诗眼；如果说织金洞是一

幅雄伟壮丽的画,银雨树就是最引人注目的亮点。称她为国之瑰宝,她胜过众多国宝;誉她为溶洞之魂,她具备了溶洞之魂。著名地质学家孙大光先生说:"把银雨树称为国宝还不够,应该称为球宝——地球之宝、无价之宝。"

◀ 洁白如玉的花瓣状石笋
▼ 水母状石笋

十万大山洞厅

十万大山洞厅是织金洞内最大的洞厅,面积达7万多平方米。最宽处达175米,最高处150米。洞厅中石笋成林,花瓣状石笋洁白如玉、数量众多,水母状石笋造型奇特。洞内地势起伏,石峰丛立,如重峦叠嶂,山间常有云雾缭绕。有金色塔山、成林玉树。有奇妙的"金鸡独立"、"螺旋树"、"白玉宫"等景观。洞内还有"珍珠厅",石珍珠晶莹闪光。

▲ 石笋儒林
▽ 花瓣状石笋
▽ 菌状（蘑菇状）石笋
▶ 石手
▶ 小痴聋天坑

小痴聋天坑

为一小型天坑，位于织金洞出口附近，发育地层为早三叠统夜郎组黄村坝段石灰岩。坑口平面形态为椭圆形，长轴105米，短轴70米，深度大于45米，四周为石灰岩陡崖圈闭，底部

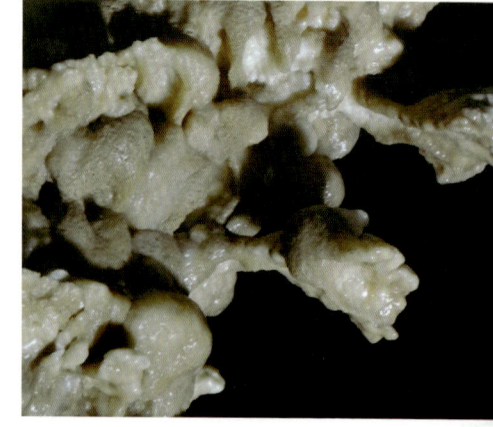

植被生长茂密，西北端有一洞穴，洞口呈梯形，高8米，上宽20米，下宽24米，洞口有较多的块石堆积。目前，小痴聋天坑底部虽无河流活动，但洞穴的存在本身显示了坑底曾经是地下河通道。

大痴聋天坑

位于小痴聋天坑东面约200米处，发育地层岩性为早三叠统夜郎组黄村坝段石灰岩。天坑主要切割地表三座山峰，形成显著的切割三角面。坑口平面形态为椭圆形，长轴360米，短轴240米。天坑底部为土壤覆盖，未见基岩出露；周壁上部为高40~50米的石灰岩绝壁圈闭，下部为崩塌块石堆积形成的陡坡，坡度为32°~35°。天坑南部陡崖下有一洞穴，洞口呈拱形，洞穴延伸方向为西南向，推测可能为古地下河道，并与小痴聋天坑相通。

东风湖景区

东风湖景区为典型的喀斯特高山峡谷，自然风光极为雄奇壮丽，有"百里画廊乌江源"之称。东风湖兼有三峡的雄奇和桂林的秀丽，山峦连亘，秀岩丛生，悬崖矗立，峭壁横列，孤峰独耸，钟乳悬附……可谓集雄浑壮丽、玲珑精致于两岸。

▲ 东风湖景区景点分布
▼ 下红岩码头旁的小褶皱
▶ 下红岩码头
▶ 千尺绝壁

东风湖景区为乌江上游鸭池河及其两大支流六冲河与三岔河冲蚀而成的深切河谷。河谷穿越大面积的石灰岩分布区，有"小三峡"之称。自东风水库蓄水后，形成了约38千米长的湖面，为公园区的水上游览风景线。织金洞至水库码头有柏油路相通，距离8千米。

东风湖峡谷由六冲河、三岔河上的卢家渡峡谷、彭家寨峡谷、大河边峡谷、化屋基峡谷、狗掉岩峡谷等多段峡谷构成。峡谷河段两岸为三叠系石灰岩地层，多处为斧劈刀削般的断层崖绝壁，绝壁最高者可达三四百米，最险峻壮观的有船头山峭壁、大鹏展翅峭壁、关刀岩悬崖。峡谷

河段之间为宽缓河谷，两岸为二叠系碎屑岩地层，田园葱绿，翠竹掩映，农舍点点，景色怡人。宽谷河段碎屑岩分布区边缘地带，上覆三叠系石灰岩层发生滑移、崩塌，形成石柱、溶帽山等地质遗迹景观，笋子岩柱峰就位于六冲河与三岔河交汇口的宽缓河谷处。

煤洞坡背斜、溶帽山观景点

该观景点位于下红岩半坡之上的公路边，可观察到煤洞坡背斜形态和溶帽山地貌。煤洞坡背斜核部地层为二叠系中统栖霞组、茅口组的厚层至块状灰岩，翼部龙潭组煤系碎屑岩地层之上残留的三叠系灰岩地层形成了溶帽山地貌。

红岩夕照

红岩，指的是东岸一道高耸入云的岩壁。每当夕阳西下，晚霞正照在岩壁上，红岩呈现出一种胭脂般的鲜红，与翡翠般的东风湖水相映，恰成鲜明的对比。所以这个景点名为"红岩夕照"。

下红岩小型褶皱构造

这是一个小型褶皱，褶皱地层为二叠系上统龙潭组碎屑岩地层，位于下红岩码头近旁路边，东风水库最高水位时被淹没，其余大部时间皆可观察到。

点葫芦褶皱构造观景点

该构造观景点位于六冲河南岸半山公路旁，视野广阔，可观察到二坉岩向斜构造的褶皱情况及地层的接触关系。二坉岩向斜核部地层为三叠系下统永宁镇组中厚层至块状灰岩地层，翼部有二叠系与三叠系地层接触界线，地层层理清晰，地层接触关系明显，地层褶皱形态美观。

▲ 崩塌滑移作用形成的柱峰
▼ 轿子山溶帽山
▶ 鳄鱼嘴——岸边溶洞出口

靴子山（船头山）褶皱与地层界线
该构造观景点位于水面之上，可在游船上观赏到船头山向斜形态和断层现象。

东风湖的最高峰——船头山
船头山的主峰距离水墨有485米，却几乎是垂直地站立在湖边。如果想看到它的全貌，就必须将船划到右面五公里远的叉湖中去。在那里，可以看到它就像一艘巨大海轮的船头。

鳄鱼嘴溶洞
洞口位于六冲河上彭家寨峡谷北岸水面上方不远位置，海拔高度约980米，洞口高约15米，宽约10米，洞中情况未作探查。该溶洞说明了地面河流对地下河流的袭夺现象。

江源野生猴保护区
两岸的悬崖峭壁为他们提供了栖息的场所，能够安全地躲避所有天敌的伤害。但是猴群却没有能够自由恣意地发展，为什么呢？在这里，人与猴的战争已经有几百年的历史了。当地人种的玉米是野生猴群的主要食物，它们常常成群结队地去摘玉米穗包，摘了扔，扔了摘，把庄稼糟蹋

直游到了对岸，母子俩才冒出了水面，溜进对岸的岩上去了。

笋子岩

笋子岩又称天竹峰，独立于湖水边，高350多米，直径也是300多米，四周都是垂直绝壁，无路可走。峰顶有6000多平方米面积，又长着一片茂密的森林，除了百鸟翔集以外，一般人和走兽都是上不去的。不过也有例外，传说在一千多年前的唐代，道家一代宗师张三丰到西南地区传经布道，见这天竹峰壮伟秀丽，便攀着巨大的青藤到了峰顶，结庐修行、招收门徒，成就了道家在云南贵州的一方功果。张三丰在天竹峰上传道三年后离去，再没有什么外面来的人上去了，只有当地胆子特别大的苗族小伙子偶尔去过。据他们讲，峰顶有座石块垒的道观，有块岩石上还刻有张三丰的手迹："西南第一峰"。由此可

得一塌糊涂。当然人毕竟是比猴精灵，人们用套子诱捕，用箭射，用枪打，终于六冲河上原本繁盛的猴群变成了珍稀动物，以致于到了今天不得不设立保护区来保护它们。在与人类长期的斗争中，猴子也炼就了它的绝招，例如这边的人撵得急了，它们就游水到对岸躲避。有人亲眼看到，老母猴将小猴子一把拉来扔在背上，一

知,天竹峰的确是道家的一座圣峰。

　　笋子岩还是一个重要的标志,由于这里是乌江两大源流交汇的地方,天竹峰又是那么的雄伟壮丽,无论是从乌江的北源六冲河还是南源三岔河乃至两河交汇后的鸭池河,都可以看到她的飒爽英姿。因此有人说,如果没有了天竹峰,东风湖的灵气就去了一半。

◀ 化屋基笋子岩柱峰
◀ 点葫芦褶皱
▲ 舟行峡谷中
◀ 宽谷岸边的民族村寨

绮结河景区

绮结河峡谷位于织金洞旁侧，是一个典型的溶塌峡谷，长约8千米，最窄处不足百米，谷深达300余米，两岸岩壁陡峭，群峰耸峙，以景色雄奇峻秀、地质遗迹种类和数量分布集中为其特色。

▲ 绮结河景区景点分布
▶ 峡谷峰丛
▶ 峡谷峭壁仰望

绮结河峡谷位于织金洞旁侧，是一个典型的溶塌峡谷，长约8千米，最窄处不足百米，谷深达300余米，两岸岩壁陡峭，群峰耸峙，以景色雄奇峻秀、地质遗迹种类和数量分布集中为其特色。公园内所有7座天生桥均横跨其上，7个天坑有5个均分布在其中或近旁，流水忽而地面、忽而地下，多段明暗河流交替出现，沿岸为三叠系石灰岩峭壁，树木葱茏，景色绮丽。分布于峡谷沿线的地质遗迹有：旗鼓迎宾景点——单面山峰与柱峰、勾腰岩落水洞——暗河入口、黄土坡南天生桥、黄土坡箱状峡谷、黄土坡北天生桥、黄土坡暗河出口、坉脚岩溶峡谷、小妥倮落水洞——暗河入口、小妥倮天生桥、小妥倮暗河出口、燕子洞（小槽口洞）、大罗圈天坑、小罗圈天坑、犀牛望月双眼穿洞、犀牛望月天生桥、小槽口天窗、天谷天生桥、大槽口岩溶箱状谷、大槽口洞——暗河入口、小黑洞等20多处。

燕子洞、小槽口天窗、天谷天生桥、大槽口岩溶箱状谷

燕子洞等景观位于织金县东北官寨乡的西北的绮结河上，发育于三叠系永宁镇组第一段深灰色中厚层白云质灰岩中。

燕子洞洞口为以上几个景观的入口，海拔高度为1040米。洞口呈梯形，顶边宽约60米，底边宽68米，高约50米。绮结河通过洞口流入洞内，沿地下河前行约400米后，进入小槽

◀ 小槽口天坑
◀ 暗河中的水库
▼ 大槽口落水洞

口天窗，天窗上游端建有一混凝土水坝，形成洞中人工地下湖。燕子洞最高处达190米，形成了一个天然的鸟巢。春夏之交小燕子初飞的时候，洞内的燕子有三十万只，秋冬之季留在洞中栖息者也有十万只之多，这个洞腔比所有号称燕子洞的洞穴都过之而无不及，大可誉称为"天下第一燕子洞"了。在天谷酒店下榻，傍晚可以看到从四面八方外出"打食"归来的燕群，清晨可以看到这些燕群由此飞向四面八方。这里是燕子们最宜居住的天堂：有不怕任何天敌的岩壁洞顶可以栖息，有滔滔不绝的织金河可供饮用，有1000多万立方米的洞道空间可供燕群的发展。

穿越燕子洞即进入小槽口天坑。由天坑底部向上看，坑口酷似一个巨大的天窗，故又称小槽口天窗。小槽口天窗平面形态为椭圆形，长轴310米，短轴175米，天坑深为215米，底部海拔1075米。天坑四周为直立绝壁圈闭，岩壁上部为厚层石灰岩，下部为薄层石灰岩。绝壁底部连接坑底部位多有崩塌块石堆积，其上为植被覆盖。

穿过小槽口天窗到达天谷天生桥之下。该天生桥长约50米，高约60米，桥面跨度82米。

从天生桥下走过，即进入大槽口岩溶箱

状谷。所谓箱状谷实际上就是一个长条状的天坑。该箱状谷底部海拔999.8米,谷长890米,最大宽度350米,谷深326.2米,总容积7200多万立方米。箱状谷四周为直立峭壁圈闭,谷口随地表地形起伏,谷壁地表山峰处成比较典型的切割三角面。绮结河由西南侧天谷天生桥下流入峡谷,于峡谷东北端岩壁下落水洞(打槽口洞)潜入地下。从规模体量上看,大槽口天坑在世界上目前的旅游天坑中位居第一,而且最重要的是织金河从天坑的底部穿流而过,流水潺潺,卵石奇特,凉风习习。而河岸边那片斜坡上的原始树林,不仅生长得郁郁葱葱,还保留着许多珍稀孑遗植

▼ 双生天桥

物,包括有植物活化石之称的珙桐。树林里山岩上还栖息着猴子、野羊、野兔、野鸡、鸡冠蛇等多种动物。天坑中还有一座装机15万千瓦的水电站;因此,无论从容积上还是从美感上去衡量,大槽口天坑都堪称为"天下第一天坑"。

上层天生桥(又称鸳鸯桥)

即犀牛望月双眼穿洞,位于绮结河下游地下河入洞口岩壁顶部,桥底古河道海拔高度为1170~1190米。天生桥由左右两个穿洞组成,桥体间为灰岩相连接,距离为50米,夹角100°。左桥跨度18米,桥面宽8米,厚3米,方向10°。右桥跨度25米,桥面宽10米,厚5米,方向110°。桥底为古地下河河道,两桥体东南部为塌陷漏斗,漏斗底部为块石和粘土组成的坡度大于30°的山坡。

下层天生桥均横跨于绮结河之上。其中位于大小槽口之间的天谷天生桥高60米,宽50米,桥面跨度82米,桥下为绮结河地下河道燕子洞;天生桥上有公路通过。

地方旅游

织金,历史悠久,文物古迹甚丰,山、水、洞俱佳。1991年,织金县城被列为省级历史文化名城。织金城文物古迹有74处,其中颇为著名的有"四庵"、"四阁"、"四寺"、"四祠"、"八大庙",多系清代乾隆盛世建筑。织金县城号称"泉城",城内就有七十二泉。城北方向被称为"高原明珠"的天然湖,堪与草海、红枫湖媲美。

▼ 百里杜鹃
▶ 东寺晚钟——东山

织金古城

织金古城始建于明洪武十五年(1382年),称为比那大镇;清康熙四年(1665年)建府,5年(1666年)建木城,康熙七年(1668年)建土城;乾隆十四年(1749年)建石城,并开东西南北和小东五门。

织金古城山川灵秀,人称小桂林,自然景观与人文景观众多,为邑人所引以自豪。计有八大景:东寺晚钟、西山早雪、回龙涌瀑、穿洞流云、墨峰耸秀、鱼山文荟、三潭滚月、双流激

浪,八小景:南笔增辉、文浪北腾、圭峰笏峙、雨洒金桥、双潭对镜、榜山东挂、三石联标、日落碑现;外八景:云洞天开、凤岭朝宗、吕祖仙踪、石洞莲芳、瀑泻珠跳、篷山数海、指峰连韵、岩潭鱼跃。

织金古城原本古迹甚多,城中最著名的古建筑群就有四庵:观音庵、紫竹庵、白衣庵、回龙庵,四阁:文昌阁、玉皇阁、斗姥阁、文腾阁,四寺:东山寺、寿福寺、隆兴寺、地藏寺,四祠:忠烈祠、鼋神祠、武侯祠、丁公祠,八大庙:文庙、关帝庙、财神庙、马王庙、龙大庙、黑神庙、炎帝庙、城隍庙。可惜损毁甚多,保留下来的几处更显弥足珍贵。下面选几处加以介绍。

东寺晚钟

东寺晚钟即东山寺。在县城东0.5千米处,一山拔地而起,高出地面60余米。山上林木葱茏,藤蔓荫深,遮天蔽日;山势险峻,三面均是悬岩,只西面有一曲径可以攀登。山腰有一寺庙,名曰东山寺,建于清康熙八年(1669年),以后多次重修。寺庙由正殿、前殿、钟楼、鼓楼、山门组成。正殿"梵帝宫",系5间并排悬山式木结构建筑,通阔18.71米,进深7.75米,9架梁,木浮雕花枋支撑,瓜柱雕各式花纹图案,青瓦屋面。前殿亦系悬山式木结构建筑,四角翘首,阔21.52米,深8.72米,前有斜形靠背栏杆走廊作上山通道,如悬空楼阁。前后殿间左厢为钟楼,构成梯级四合天井。钟楼内原悬铁铸大钟一口,日暮方击,

钟声悠远可达20千米外,故名"东寺晚钟"。寺后30米处有一洞,洞前有观音阁。阁前俯瞰,全城尽收眼底,夜景尤为壮观。寺阁间有108级曲折石径相通,石径左沿栏杆由108节石龙构成,龙随石径起伏,蜿

蜒而上，尾起于寺后，头达于阁旁，全长58.5米。

东山由大理石与石灰石相间构造，山上溶洞分上中下三层。上层即观音阁后的慈云洞，洞内钟乳形似观音。中层一为打拳洞，洞内宽敞平坦，乃昔日僧侣习拳练武的地方；二为穿洞，洞口西向，从东山寺左右侧入，东通后山上入打拳洞，洞径南壁中部有窗洞开于绝壁，引光入洞便于穿行。下层由大小不同的溶洞组成，分布山麓东南一带，洞上有洞，洞下有洞，洞中有洞。山上石刻壁题共16处。其中，清同治年间军门提督赵达庵题的"佩剑披云"字大如斗，笔力遒劲，醒目壮观；民国时期织金县长王佐题刻"出岫云蒸"圆润浑厚，笔法欧苏。还有多处小字石刻，亦可供观瞻和研究。山西南麓有白帛石佛塔数座，均为七级塔墓，现尚存两座，一座系建于清乾隆三十八年（1773年）的临济宗三十七世塔，另一座为建于清嘉庆三年（1798年）的临济宗三十八世塔。

东山乃织金城关群众游览之胜地。特别是每年端午节这天，城内及周围各族男女皆会集于此及附近山上对赛山歌，古朴民风洋洋洒洒，雍和气象其乐陶陶。有诗咏之曰：瑰丽山靡昼日开，云峰翠掩涤尘埃；发人猛省端无价，古寺钟声夜半来。

墨峰耸秀

即县城北10千米处倚阳坝子东边岭上的墨峰山。一山突兀，秀压群峰。县城面北遥望，峰巅若墨若黛，犹罩巾纱，似乎与蓝天一色，山腰皎洁闪光，如着白袍银铠；后岭诸峰雄奇，格外峥嵘壮观。登峰极目，四围岭峰皆居脚下，顿生"一览众山小"之感，故名"墨峰耸秀"。峰前一湾流水顺倚阳田坝转向东北，经1千米峡谷流入落水洞；峡谷两面危峰群立，岩壁洁白如玉，陡峭如削，风光壮观、秀丽、奇伟。加上峰间的庆全

洞等古屯洞营垒遗址，与"墨峰耸秀"构成一大景区，景观更加诱人。有人赋诗赞曰：千尺之毫接太空，墨地香讯紫烟笼。染从半岫开文采，点就江花振士风。带水一泓天作砚，他山群石玉为攻。无端造物安排久，结构直堪入画工。

◀ 墨峰耸秀——墨峰山

西山早雪

在县城西南7.5千米处，一岭南起教化箐（今鱼塘村），北至斗篷山，蜿蜒横亘10余千米。岭上峰峦叠伏，面东绝壁如削。其中白雾塘后面一段长约4千米、高100余米，岩壁皎洁，早晨于城中登高西望，宛若皑皑白雪。春夏时节，草木青翠，在晨曦中远眺，白岩闪烁发光，景致十分壮观，故名"西山早雪"。诗曰：

旭日东升西向照，山头积雪未曾消。

千秋化景无寒暑，三伏遥望景致高。

穿洞流云

县城1千米处的小穿洞，又名奇缘洞。当地左右二峰对峙，峰间是个陡峭的丫口，奇缘洞在左峰近丫口处。洞口从山腰以下竖直张开，高30余米，进深12米。入洞后两壁左右扩展，形成100余平方米的高阔洞厅。厅后半部分成天然平台，台上一巨石矗立如踏莲观音。台前右壁下有一洞，洞内泉水淙淙南流，经过山脚流进离奇缘洞10余米的一个扁阔溶洞，再下流20余米从山脚另一洞溢出，形成洞泉，名"奇缘井"，井上建亭罩护，名"奇缘亭"；洞右后壁有高矮两洞，矮洞后延数米，可供人歇息；高洞直穿后山，出口处豁然开朗，即是一个山岭环抱的小盆地。岭上杂树丛生，藤萝蔓垂，野花点点，游人在此歇息备觉凉爽。雨后天晴，从洞内仰望云天，洞泉之雾恰与浮云呼应，久留不散，蔚为奇观，故将此景点命名为"穿洞流云"。这一景点前有"东寺晚钟"，

- 鱼山文荟—鱼山
- 云洞天开
- 三石联标

右有"吕祖仙踪"、"神龙蛰影"、"三石连标"及鱼山诸景,更为游人增添了情趣。有诗赞曰:怪石谁为巧凿开?中通一径见天台;行行且止复相望,无数闲云去复来。近年来,有爱好者自发集资在此兴建了拱桥山门,山门上建游乐室及观赏厅,山门右侧建"佛殿",将洞内巨石就其形状塑为观音像,同时还竖碑多块。每逢节假日,到此游玩观赏者络绎不绝。

鱼山文荟

即鱼山,位于城东北隅,因形似木鱼而得名。其山四周悬崖绝壁,山脚一径通顶,有石阶108级,岩壁上有石刻数帧,多为德政碑、去思碑之类。山上建有黑神庙,碧琉璃精舍,藏书楼、济赈亭、且住亭,还有鱼池、花圃。

云洞天开

"云洞天开"位于城东15千米处的三甲乡,距离织金洞地质公园主碑约1千米。穿洞高十数丈,上露天光,日夜仰视,日月在天。洞内原

塑有观音像，洞口匾额曰："赤云洞"，洞口建观音阁，整个建筑巧妙利用洞壁，形成仅建半阁而得整阁的视觉效果。加上相连的保安寺和地母庙，构成了一组山、洞、寺巧妙结合的独特风光。观音阁、保安寺、关帝庙等，均系道光年间建筑。"云洞天开"四字乃当时名流孙行雅墨迹。北京建筑设计院院长、工程师张开济看后说："保安寺很了不起，与山洞结合得非常巧妙。"中国博物馆副研究员施力行说："这个保安寺真是妙不可言，这个建筑例子，在清华大学上课的时候，是一个很好的教材。"

文浪北腾

文浪北腾指的是位于古城北端下水关旁侧贯城河西岸的文腾书院和文腾阁。文腾书院为清乾隆二十年（1755年），知州李云龙捐俸在原义学废基上建，名"平阳书院"。有房舍30余间，悬康熙御赐"文教遐宣"匾。后建景贤堂5间，祀濂、洛、关、闽等9贤士，乾隆三十一年郡士人建后堂3间。嘉庆三年（1798年）知州周景益重修，以其在凤凰山之西故改名"凤西书院"。道光二十六年（1846年）知州徐丰玉捐廉200两，劝谕士民捐输，得银17549两，两次修葺，扩大规模，又增建节孝祠。同治十年（1871年）知州陈昌言更名"文腾书院"。同治三十二年知州李大森增修教室6间，改为高、初两等小学堂。光绪十八年在书院侧建阁，名文腾阁，又名奎阁。1949年后改为织金一中，1957年后为县委所在地。

文腾阁于2010年重修完工，文腾书院于2012年完工，复更名凤西书院。新建奎阁朗结构精巧，轻盈秀美，白石护栏，河水环绕，绿树掩映，靓丽雅轩。入夜则霓灯镶绘，轮郭分明，流光溢彩，柔和温馨。

三石联标

又称"三节石"，位于古城东南郊外，为岩溶风化与崩塌作用所形成的孤立石柱。

织金雄关

织金关,自古以来织金通往省城的要隘。据《明史》记载:"织金,夷书谓之直金,又谓之只鸡,盖皆直溪之谓也,在今平远州十里,又谓之马龙箐"。

织金关虎踞龙盘,雄奇险要,有一夫当关,万夫莫开之势。登临织金关远眺,从连绵不断的群峰中一条古驿道笔直平坦,左右两侧峰青峦翠,直插云天,仿佛是身披战甲英机勃发的武士。昔日,这里古木参天,蔽日遮天,猿猴啼鸣。置身织金关,仿佛身处岩画长廊,景色万千,美不胜收,令人心旷神怡。洞穴、石窟、怪石、巉岩随处可见。

官寨

官寨乃水西古彝重寨,彝名"那威洛姆"。官寨境内风光神奇秀丽,世称"洞天湖地"。东面有天下第一

的织金洞,鬼斧神工,姿态万千,被评为中国最美旅游洞穴第一名;西面有大天坑——恐龙谷,一线三槽,川流不息,坑壁如削,恢宏壮美,岩燕数以万计,蔚为大观;北面有绮结河和东风湖,峡湖如镜,岩壁天然,缤纷五彩,绵亘迢遥,被誉为乌江源百里画廊;南面有织金城,秀峰叠翠,百泉喷涌,古迹生辉,乃贵州历史文化名镇。

官寨人文历史悠久,建寨已逾千年。明末一代彝雄贵州宣慰同知安邦彦及清初水西宣慰

▼ 织金雄关

使安坤皆居于此。明天启年间，安邦彦自称"四裔大长老"随四川永宁土司奢崇明起兵反明，史称"奢安之乱"，与清兵入关、闯王进京同为终致明亡之三股势力。清康熙四年（1655年），水西宣慰使安坤与夫人禄氏以故居木弄箐以那垮(今官寨民生村)为大本营，力阻吴三桂之征剿，安坤终兵败寨毁而陨命亡途，独禄氏携子安胜祖得脱，十余年后吴三桂叛清，禄氏率子助清抗击有功被赐"柔远夫人"。至今，杨官屯、安邦彦墓、杨家屋基、黄泥大屯、安氏大营等水西遗迹分布周遭，断垣残壁犹在诉说历史沧桑！

瀑泻珠跳

原名吊水岩瀑布，后经有关部门批准，正式更名为织金瀑布，位于织金县城东20千米处的桂果镇，为国家AAA级风景名胜区。

瀑布高55米、宽35米，飞流直下，气势磅礴，水帘悬挂，瀑泻珠帘，连成一片，十分壮观，是大自然赋予人类的一颗瑰宝，以"雄、奇、险、秀"为特点。

▲瀑泻珠跳——织金瀑布

思索织金洞

织金洞的形成演化
洞景奇观探秘
洞景奇观成因思考

织金洞的形成演化

针对织金洞已经做了大量的科学研究工作，织金洞的形成机制和演化历史已大致弄清；对奇妙洞景成因的探索也做了一些尝试，但还有众多的科学谜团尚待解开。

织金洞早在上新世至更新世初期就已经开始发育，经历了200多万年的漫长时期，今天织金洞的成洞作用和洞石沉积作用仍在继续。织金洞在其形成演化过程主要经历了以下时期：

第一期（喀斯特岩洞化期）

此期约在早更新世晚期至中更新初期。早更新世晚期（约100万年前），潜水面较浅，织金洞岩体处于浅饱水带中。水流沿断层、裂隙及层间裂隙对岩体进行溶蚀，逐步使岩体发生空洞化，洞内缺乏次生碳酸钙沉积。中更新世初期（约70万年前），新寨河从洞口潜入，致使洞穴

▼ 大小不同、形态各异的石笋
▶ 粗大的石笋

水能量加大,洞腔不断扩大拓宽。

第二期(洞顶崩塌期)

织金洞曾发生过大面积、大规模的崩塌。根据漫谷长廊中崩塌块石底部基岩面上的钙板测年(>35万年)可知,洞穴大规模的崩塌应发生于中更新世中期。这个时期以十万大山至广寒宫为代表的上层洞(第四层),以北海垄、寿星宫至塔林洞为代表的第三层洞形成,洞腔已基本停止发育,转为洞石堆积;洞腔有较大的空间,同时地下河下切速度跟不上地表河的下切速度,因而洞穴水洪枯变幅大,加之可能新构造运动较为强烈,致使洞穴产生大规模的崩塌,崩塌在上两层洞各洞段均有发生,层与层之间出现较大的空间沟通。

第三期(粗大石笋堆积期)

根据同位素测年,中更新世中期至晚期(距今25万年~35万年左右),为粗大石笋(柱)为代表的(其中包括一些庞大的石幔等个体形态)堆积期。此期堆积的碳酸钙沉积物粗大,如石笋直径一般都在几米至几十米,并且许多碳酸钙沉积在崩塌岩块之上,如十万大山一带崩塌块石上沉积的石笋。由此可认为,中更新世中期至晚期,新寨河已开始被绮结河袭夺。河流不再潜入织金洞,只是洪水期仍有部分水流灌入,使洞内汇水地段仍在强烈开拓下层洞道。当时水乡泽国及豪猪洞洞段可能为全充水或半充水洞,洞腔继续扩展。

之上。根据测年可知，大约从10万年前开始持续至今。同时，由于滴水量的减少，毛细水，薄层渗流水增多，故沉积了卷曲石、石盾、月奶石等。

这个时期，水乡泽国及豪猪洞（第二层洞）洞腔已基本停止发育，而季节性水流继续开拓以水乡泽国北东端为代表的斜井洞道（下层洞）并延续至今。由于此段期间，水量小，致使洞道规模受到制约，通道断面面积均在1平方米左右，并沿岩层倾斜面延伸。

根据倒塌石笋顶部测年可知，在晚更新世时（7.6万～2.1万年）部分粗大石笋及细长石笋发生过倾倒。这可能与贵州西部地块在晚新世末至全新世早期较强的升降运动有关，它们的倾倒方向多为300°～360°。这可能是构造主应力的推拉所致。同时也不排除坍塌岩块受压滑动位移，洞底下沉，基部风化及溶蚀变细等引起的倒塌。

第四期（细长石笋堆积期）

细长石笋包括塔状、花瓣状、杆状、竹节状及冻菌状等滴水频度较低，质地较纯的碳酸钙沉积物。它们大多数堆积于粗大石笋及倒塌石笋（柱）

洞景奇观探秘

织金洞内的洞景在令人叹为观止的同时，也让人联想翩翩——这些奇妙的洞景是怎么形成的呢？地质学家对此已做过大量研究，对有的现象已作出了确切的解释，对有的现象则作出了一些推测，还有若干谜团有待解开。

岩溶作用是缘于在二氧化碳参与下碳酸钙溶解的化学反应。雨水中都溶解有一定的二氧化碳，二氧化碳与水反应生成碳酸，所以雨水实际上是一种碳酸溶液。石灰岩的主要成分是碳酸钙，当雨水接触石灰岩时，碳酸钙与碳酸起反应生成碳酸氢钙，碳酸氢钙的溶解性比碳酸钙大得多，生成后就溶解于水中。化学反应方程式如下：

$$H_2O + CO_2 = H_2CO_3$$
$$CaCO_3 + H_2CO_3 = Ca(HCO_3)_2$$

后一反应是一个化学平衡反应，当水中溶解二氧化碳增多时平衡向右移动，碳酸钙溶解增加；当水中二氧化碳减少时，平衡向左移动，碳酸钙溶解减少。

◀ 滴水石生
◀ 石盾与石钟乳
▶ 石灰岩上的溶沟

当雨水流过石灰岩表面时,溶蚀和冲蚀两种作用同时发生而使石灰岩表面形成凹槽——溶沟。溶沟深度可从数毫米至数米,较大、较深的溶沟之间的石灰岩形成石芽。

如果雨水先流过土层再与石灰岩接触,则由于土壤中微生物作用含有较多的二氧化碳,雨水中溶解的碳酸更多,对碳酸钙的溶解能力更强。因此渗入石灰岩节理、层理等孔隙、缝隙中的雨水会溶解这些孔隙、缝隙周围的石灰岩而使空隙逐渐扩大发展为溶洞乃至地下河。在东风湖峭壁上可以看到这种溶蚀现象。

溶洞的洞腔继续扩大,当上方顶板岩层支持不住时会发生坍塌。如果坍塌穿透地面时,就会形成溶斗、天坑。溶洞顶板大段坍塌可形成岩溶箱状谷。溶洞顶板大部坍塌而仅残留少数,则残留部分称为天生桥。

沿石灰岩缝隙缓慢流动的渗流水中溶解了大量的碳氢酸钙,一般情况下往往是碳酸氢钙的饱和溶液,当其进入空旷洞腔内时,其中的二氧化碳逃逸出来而使溶解的二氧化碳减少。于是上述第二个化学反应平衡向左移动,渗流水中的碳酸氢钙转化为碳酸钙从水中沉淀出来,在渗出处沉积下来。

渗流水如果是从洞顶较快渗出,则碳酸钙沉积物不断向下一层层堆积增长,形成石钟乳;如果是从洞

◀ 石芽与溶沟
◀ 峭壁上的岩溶侵蚀地质遗迹

顶缓慢渗出,则会形成细长中空的石钟乳——鹅管石。

石钟乳下方渗流水滴落处,碳酸钙会逐渐向上堆积形成石笋;石笋与石钟乳相向生长,相接之后称为石柱。

渗流水如果是从洞壁较快渗出则形成石幔;渗出较慢则形成石盾。

较多渗流水沿着缓坡流动则形成边石坝——石梯田。边石坝为洞底水流沿洞底斜坡流动时,由于水层变薄,二氧化碳从水流中溢出,降低了水流的溶解度,使碳酸钙沿洞底斜坡沉积而形成的条带状碳酸钙沉积。边石坝多呈拱形,迎水面内凹,背水面外凸。边石坝内可积水成池,一些池中发育穴珠。多个边石坝可组合成石梯田。织金洞内在塔林洞、寿星宫和边石坝支洞洞底等洞段均可见边石坝的分布。特别是边石坝支洞的水乡泽国洞段沿缓倾斜的洞底堆积有面积约 5000 平方米的边石坝,坝高 0.5~1 米,厚 10~30 厘米,景观十分壮观,具有较高的旅游价值,而在塔林洞底的边石坝内还可见到较丰富的穴珠沉积。

洞景奇观成因思考

洞内各类沉积洞石千姿百态，美妙绝伦，大者高达数十米，粗犷雄伟，小者细如游丝，玲珑剔透，把一个个溶洞厅堂装点得或如雄奇壮丽的地下山川，或似秀丽的山乡田园，或似金碧辉煌的皇宫宝殿，或似温馨秀丽的闺阁绣楼。这些美丽的洞穴奇观是怎么形成的呢？

▼ 塔状石笋
▶ 花瓣状石笋
▶ 菌状石笋

丘状和塔状石笋

织金洞内的丘状和塔状石笋分布广泛，其中以广寒宫——十万大山和塔林洞最为发育。由于其粗壮高大，形似小丘或高塔而得名。其底部直径一般都达几米，有的甚至可达十余米；丘状石笋高一般都达数米，最高者达20多米；塔状石笋一般高十余米，有的可达四十余米。织金洞内发育如此大量的粗大石笋说明这一时期降水量较大，洞内滴水丰富，石笋生长发育快。同时由于洞顶高，水流量大，使洞底的滴水溅水面较大，从而发育较粗大的石笋。此外进入洞内的水滴中由于含有较多杂质，因此这些粗大的丘状和塔状石笋泥质含量较多。根据同位素测年，这些粗大的丘状和塔状石笋的发育年代为距今25万～35万年。

花瓣状石笋

花瓣状石笋是织金洞最独特和典型的化学沉积形态。位于广寒宫——十万大山之间的花瓣状石笋（银雨树、姊妹树），花瓣状的碳酸钙沉积物以20°～45°交角环绕在石笋主干之上，碳酸钙花瓣长轴长可达70厘米，花瓣半径由下至上逐渐变小。石笋花瓣由结晶方解石构成，方解石结晶粒度0.5～2毫米，为他形粗晶镶嵌结构，局部可见方解石受挤压产生波状破碎呈犬牙状嵌接。

有专家认为：花瓣状石笋起源于菌状石笋，

经历了塔状石笋阶段,最终形成花瓣状石笋。这种石笋初期是一系列滴盘（或菌状石笋）叠加成为塔状石笋,随着塔状石笋高度的增加,过饱和的碳酸钙滴水在顶部堆积,多余的丧失了沉积能力的滴水向下缓慢流溢,在向下流动的过程中再次从空气中吸收二氧化碳,具备了溶蚀能力,对其下部进行溶蚀分割,其溶蚀作用可在石笋基部叶片和轴上发现次生溶痕。同时塔状石笋顶部溅水又可促使叶片加宽伸长,使叶片间的距离加宽,形成花瓣状石笋。

菌状石笋

菌状石笋主要分布于灵霄殿及十万大山尾部洞段。因其顶部光滑,边缘呈花边状,形态似冻菌（平菇）状或伞状而得名。石笋直径多在 15～30厘米,碳酸钙结晶粗大,菌片厚数厘米,多呈乳白色或深灰色。有专家认为：菌状石笋是一种由高浓度水滴从较高的洞顶滴下迅速蒸发而形成,其发育处洞腔高大,洞穴高度多为 30～40米,且石笋上方洞顶滴水缓慢,频率2～3滴／秒。由于滴水浓度高,下滴频率慢,水滴在空中已损失部分二氧化碳,因此下滴后迅速沉淀。同时滴水浓度高,致使其比重也

▲ 菌状石笋
▼ 拐状石笋
▶ 树枝状卷曲石
▶ 石葱

较大，故滴水溅水距离受到制约，因而石笋的规模（直径）又受滴水大小和频度快慢制约。

拐状石笋

是织金洞内常见的石笋形态，变化多端，造型各式各样。其成因显然是由于上方滴水点位置、数量、流量等发生变化，以致塑造出姿态变化无穷的拐状石笋。

卷曲石

很是让人们费解。通体透明如玉的卷曲石，看起来好像不受重力的影响，可在三维空间各个方向自由生长，形成各种组合形态，如树枝状、鹿角状、放射状、吊灯状、藻丛状、羽毛状、梅花状及瓣状等。其成因让专家们长期争论不休，难以统一认识。有专家结合国内外的研究，认为主要有毛细水作用、结晶轴偏转、静电作用、石管堵塞、气流作用、生物作用等成因方式。

毛细水作用形成卷曲石：是由于毛细管作用使卷曲石中心细管中的水上升供给尖端，在尖端蒸发导致碳酸钙沉积。其沉积环境为封闭、半封闭的洞穴稳定地带，洞内无气流扰动，气温多为13℃～15℃，洞顶供水少，滴水频度低。毛细水

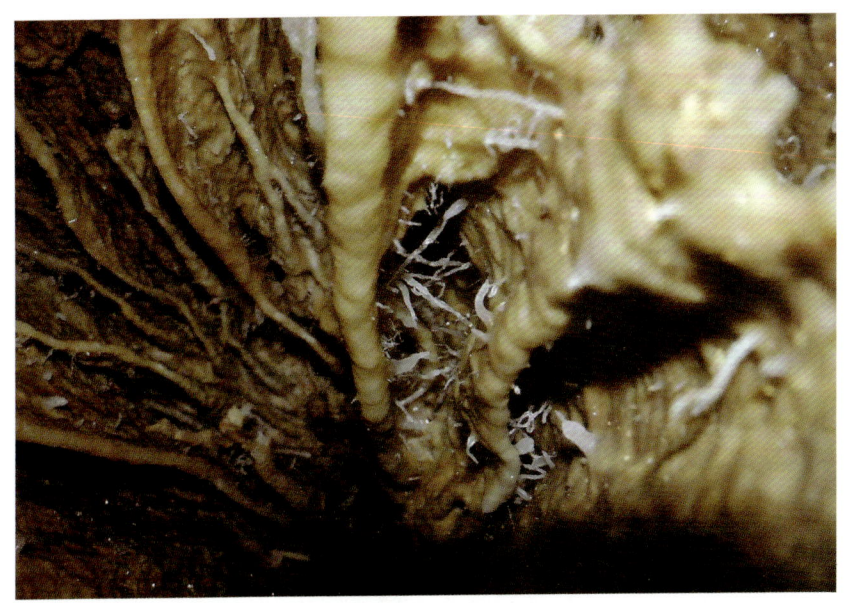

形成的卷曲石向各方向生长，个体形态小，其组合形态多为灌丛状、树根状及鹿角状。织金洞内的卷曲石多属毛细水作用形成。

静电作用形成卷曲石：在滴水中，常有一些极性离子。在一些石帘卷板之间，由于卷板间的距离较近，使卷板上的毛细水及薄层水中的极性离子相互作用，产生静电引力，使水中的极性离子相互对立成定向排列。碳酸钙即在两卷板上垂直于卷板相对生出。该方式形成的卷曲石多为羽毛状，某些卷曲石还可相向生长，最后连接在一起，如灵霄殿石帘间中的卷曲石。

气流作用对卷曲石形成的影响：在常年稳定的气流影响下，水滴向顺风方向偏移，形成顺气流方向的卷曲石；但是当气流较大时，碳酸钙沉积物表面水流尚未到达顶端时，就为风吹向其背面，形成刃状钟乳石，而不能形成卷曲石，钟乳石迎风面很薄，背风面较厚。该类卷曲石形态大小差异较大，大的可达1米，小的不足1厘米，卷曲石均向同一方向横向生长。织金洞内的该类卷曲石主要在豪猪洞，此处风速为0.03米/秒，气流适中，导致钟乳石弯曲而形成卷曲石。

石葱　织金洞水晶宫洞厅中有一

  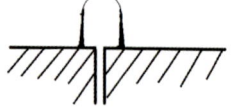

种洞石沉积物,酷似庄稼地里的秧苗成片密集生长,高度一般为数厘米。以前有人称之为"谷针田",本书作者认为称为"石葱"还要形象些。密集生长的石葱上方并无滴水,显然是自下而上"生长"的。石葱的成因,看来只能用毛细作用解释:即当渗流水极缓慢地渗出洞底板时,先在其表面形成一个水珠,沉淀出来的碳酸钙在水珠边部沉积,逐步堆高形成一个环状突起。受表面张力作用,渗流水珠随着环状突起的增高而上升,碳酸钙继续向上堆积而使环状突起逐步"长高"形成管状突起,

渗流水在管状突起中形成一个水柱。表面张力所能支持的水柱高度是有限的，因此管状突起顶部的水珠越来越小，管状突起的直径也越来越小，最后尖缩封闭停止"生长"。

◁ 石葱的形成
◁ 雪香宫
◁ 石霜

石霜 水晶宫洞厅中有一部分洞景被"石霜"覆盖，被称为雪香宫和"北国风光"。本书作者认为，"石霜"的成因也与毛细作用有关。当极少量的渗流水沿极细微的毛细孔渗出洞景表面时，水分挥发留下碳酸钙微粒沉积在洞景表面而形成"石霜"。"石霜"仅见于位置较高、空气最为干燥的洞厅。

织金洞内的洞石沉积千姿百态，不胜枚举。对不同形态的洞石进行全面系统的成因研究，目前尚未有人做过，还有大量的谜团有待来者——其中也包括织金洞的游客——来解开，还有大量的疑问需要得出答案。

下面再列举一些洞石形态的照片，您看看该是怎么形成的？

1. 塔松状石笋

2. 葡萄状石笋

3.灵芝状石笋

4.水母状石笋

5.螺旋形花瓣状石笋

旅游资讯

行住吃游购娱

行

织金县隶属毕节市,位于贵州中部偏西。地处乌江上游六冲河与三岔河交汇的三角地带,县城东至贵阳约157千米,清镇至织金高速开通后将缩短至86千米;南距安顺约95千米,北距毕节市区约144千米;东邻平坝、清镇;南邻普定、安顺;西接纳雍、六枝;北接大方、黔西。

贵州省交通图

外部交通

织金县位于黔中地区，与贵州省省会贵阳联系密切，交通十分方便。省外游客可乘坐飞机、火车到贵阳后转乘火车、汽车到达织金；亦可乘飞机至毕节飞雄机场换乘汽车到织金洞，毕节飞雄机场至织金洞120千米。

织金县火车站距离织金洞25千米，有公共汽车通达。

铁路交通

贵阳—织金之间已开行旅客列车，每天来回两趟。时刻表如下：

车次	始发站	开车时间	终点站	到达时间	用时	里程
K9475	贵阳	07:32	织金	10:24	2小时52分	190
K9476	织金	11:16	贵阳	13:55	2小时39分	190
K9477	贵阳	14:35	织金	17:19	2小时44分	190
K9478	织金	18:15	贵阳	20:56	2小时41分	190

（本表信息仅供参考）

公路交通及自驾游路线

织金县公路交通四通八达。

贵阳—扎佐—黔西—织金洞，156千米；

贵阳—平坝—普定—织金古城—织金洞，168千米；

黄果树—安顺—普定—织金古城—织金洞，138千米；

毕节—大方—黔西—织金洞，140千米；

成都—泸州—麻城—大方—黔西—织金洞，580千米；

重庆—遵义—扎佐—黔西—织金洞，498千米。

织金洞交通

公共汽车：

织金县汽车运输公司—织金洞，30分钟一班，票价10元。

出租汽车：

织金县城—织金洞，参考价50元。

住

近年来，随着织金洞知名度的不断提高，织金县旅游业飞速发展，旅游基础设施也得到不断完善，一大批酒店如雨后春笋建设起来，满足了广大游客的住宿需求。织金县城区的主要酒店有安居岛假日酒店、鹏业酒店、织金洞酒店、织金县金玉龙城大酒店、织金县金都大酒店、织金县宏州国际大酒店。

金玉龙城大酒店是织金县金锦房地产开发有限责任公司斥巨资建造的一家五星级酒店，座落于贵州省织金县官塘桥迎宾大道旁，南邻迎宾大道北靠厦蓉高速公路出站口，交通便捷、位置优越，总建筑面积两万多平方米，短短20分钟的车程即可到达国家AAAA级风景区织金洞。酒店楼体建筑共23层，外墙采用全景观幕墙玻璃，拥有总统套房、豪华客房、特色宴会厅、中西餐厅、酒吧、棋牌室、大型会议中心及各类型的多功能会议室、KTV、游泳池、网球场、高尔夫练习场等。

其设计新颖、功能齐全、装饰典雅。揽窗远眺，宝石流霞、黄龙吐翠，尽收眼底，让人心旷神怡。顶级名厨精心烩制的经典美食盛宴堪称织金极品，让美食者尽尝至尊名肴，体会精致与豪华。独具特色的会议服务接待体系是市内举办高规格政务、商务和对外交流等重要活动的首选。秉承"以情服务、用心做事"的企业精神，恪守"顾客至上、服务第一"的服务宗旨，精力充沛、经验丰富的专业团队照顾您每一个细节，流畅的进程，专业的协作，一切都超出预期。具备职业素质的全体员工将为您提供亲情化、个性化的优质服务。无论商务、宴会、休闲、娱乐，都是您的理想之选。

宾馆饭店推荐

宾馆酒店

织金洞酒店	0857-7812033	金玉龙城大酒店	0857-7932666
宏洲国际大酒店	0857-7758888	金龙大酒店	0857-7755777
天虹商务酒店	0857-7736888	凯迪大酒店	0857-7628888
东森酒店	0857-7877666	英杰纳时尚宾馆	0857-7877888
红橙子商务酒店	0857-7872222	起业宾馆	0857-7880000
天宫旅馆	0857-7621973	金凤凰酒店	0857-2290000
安居岛假日酒店	0857-2190555	鹏业酒店	0857-7631808
金都大酒店	0857-7628111	东方酒店	0857-7636188

那威彝寨农家乐

那威农家	15186127872	陈记旅社	13098574730
那威客栈	13885703228	福星聚客栈	15985432555
源俊餐饮（水八碗）	7829828		

下红岩农家乐

小河农家乐	13984793492	天外天农家乐	15885308792
碧海农家	13885733326	乾鑫鱼馆	13658573118

麻窝寨农家乐

启举农家	13984473176	聚友园	13668572048
友恒农家	13698567668		

小妥倮农家乐

麒麟农家	15934793622	驴友客栈	13885733349
阿采农家	7812478	妥倮农家	13984780535

吃

织金菜受川菜影响较大而与川菜不同，最大的区别在于辣而不麻，但并非没有辣椒不成菜，例如最具特色的水八碗就没有辣椒。织金县小吃颇多，著名的有油炸洋芋、卤粉、酸汤粉、水晶凉粉、臭豆腐、荞凉粉和滚米团等。

宫保鸡丁

织金菜中名气最大的当然要数宫保鸡丁了，其来历前面已经做过介绍。人到织金，应当尝尝这道织金名菜，味道绝对正宗。

地方风味小吃中，要数荞凉粉、臭豆腐干、滚米团最具特色。

织金水八碗

相传在明洪武年间从军队中形成并流传开来，由于长久的战争和迁徙，明朝军队最后只剩下一些坛坛罐罐用来盛食物，炊具非常缺乏，最后只好依样画瓢，用土法烧制了一些陶制的坛罐和封盖坛口的缸钵，用来烹饪和盛装饭菜，久而久之，就成了"水八碗"，也叫"八大碗"。

水八碗大致从以下菜谱中选取八种出菜：竹荪鸡汤、什锦汤、苡仁肉片汤、香菇肉圆汤、肉末酸菜汤、连渣捞、瓜豆汤、鸡八块、八宝粥、清蒸肚片、甲鱼炖鸡、芙蓉蹄筋汤、白菜粉丝汤。八碗席选料精良，制作精细，通常是主菜依次上菜，吃完一道再上一道，保持菜肴温度、新鲜和不浪费。食客饮酒品菜，最后吃饭，善饮者可尽兴饮酒，直至宴席结束。

荞凉粉

织金荞凉粉用料独特、吃法独特，不是加佐料拌着吃，而是用素蘸水蘸着吃。

凉粉以荞麦为原料，用传统工艺全手工做成生浆料，上火边搅拌边加热勿烧焦，熟后趁热装盆，冷却凝结后浸冷水中待用。食用时将盆反扣在案板之上倒出凉粉团，用特制的刮子从凉粉团上刮出细长条状的凉粉装盘。

素蘸水以霉豆腐为主要佐料，将其放入碗中用汤匙研成糊状，然后加入糊辣椒面、酱油、醋、味精、姜汁、蒜水、葱花、酥豆等制成。根据各自的口味还可加入麻油（香油）、芫荽、折耳根（鱼腥草根）等，有的还喜欢加一个皮蛋。辣椒可根据各人的口味增减，不放辣椒味道也不错。酥豆不是油炸的，而是将黄豆或茶豆泡涨后用砂锅干炒而成。食用时将凉粉蘸上蘸水吃。

臭豆腐干

织金臭豆腐干是烙好了蘸着辣椒粉吃，吃法很是别致，味道很是别致。虽说是臭豆腐，可吃过的人闻起来感觉却是很香的、很诱人的。

织金臭豆腐干的霉制方法与霉豆腐的类似，将豆腐干与稻草一层层相间码放于密闭的箱屉中，待豆腐干长出数毫米长的霉毛时即可食用。

辣椒粉的配制，以生辣椒粉为主料，配上适量的盐、花椒粉、味精制成，各种调料的多寡根据口味爱好自行调整。

织金臭豆腐干是用特制的砂陶烙锅烙好了吃。将烙锅置火炉上，锅中涂上生菜油，臭豆腐干放入锅中烙至两面焦黄时切成适当大小的方块，用筷子夹起蘸上辣椒粉即可入口食用。

滚米团

织金滚米团，馅子有豆腐和酥麻等多种，味道有甜、咸、甜咸三种。糯米面揉成团，包入馅子做成圆球形，圆球表面上滚上糯米，蒸熟后即可食用。

游

织金洞囊括了当今世界溶洞中的各种沉积形态，它既是一座地下艺术宝库，又是一座岩溶博物馆，堪称"世界奇观"。织金洞与贵州省其他丰富的地质旅游资源和人文旅游资源组合后，形成了一道靓丽的贵州特色风景线。

一、地质公园科普旅游路线

路线一：

贵州织金洞国家地质公园（地上、地下岩溶地质遗迹景观）—贵州黄果树瀑布及天星桥风景名胜区（岩溶瀑布群、水上石林）—贵州关岭古生物化石群国家地质公园（鱼龙、海百合等三叠纪古生物化石）—贵州兴义国家地质公园（峡谷、石林、贵州龙等古生物化石）—云南云南石林世界地质公园

（岩溶石林）—澄江动物化石群古生物国家地质公园

路线二：

贵州赤水丹霞国家地质公园（丹霞地貌）—四川自贡世界地质公园（恐龙等古生物化石）

二、县内旅游精品线路

A.织金古城游：逛步行街，拜财神庙，游东湖，登鱼山、东山，访穿洞流云，行程半天；

B.织金瀑布游：织金县城到织金瀑布20公里，行程一小时，看瀑布，逛雅贤生态园，吃农家乐后返程，行程半天；

C.织金古城、那威彝寨、织金洞、妥倮苗寨、织金峡谷、乌江源百里画廊二日游。

三、省内精品线路

A.黄果树、织金洞二日游；

B.织金洞、慕俄格古城、百里杜鹃二日游；

C.遵义会址、百里杜鹃、慕俄格古城、织金洞三日游；

D.马岭河峡谷、万峰林、双乳峰、黄果树、织金洞三日游；

E.织金洞、南江大峡谷、西江苗寨、荔波四日游；

F. 黄果树、织金洞、南江大峡谷、西江苗寨、荔波七日游。

购

织金盛产烤烟、油茶、苡仁米、茶叶；有杉、松、油桐、生漆、核桃、刺梨、猕猴桃、杜仲、天麻、黄柏、党参、半夏等植物90多个种类。苡仁米的营养和药用价值较高，远销日本、香港、新加坡等国家和地区，织金竹荪更是名扬中外。

"真菌皇后"——竹荪

竹荪是世界上最珍贵的食用菌之一，为古代南方官吏上贡皇帝的贡品，官商士绅的重大筵宴上亦鲜有可见。因其体态优美、口味鲜美、营养丰富而被人们誉为"真菌皇后"、"真菌之花"。

1972年，美国总统尼克松遣特使基辛格到北京，周恩来盛宴款待。美国记者马文·卡布尔和伯纳德·卡布尔在《基辛格》中赞道："当他从中东、中国等十个国家旅行二万五千里归来时，真好像是周恩来用三丝鱼翅和竹荪芙蓉汤喂胖了。"竹荪之名由是很快传扬世界，价格随之急速上扬。

作为菜肴，竹荪具有一种独特的无可比拟的清鲜风味。其质地松脆鲜嫩，能够饱吸鲜汤汁，使味道愈见鲜美而爽口。

织金竹荪为短裙竹荪，洁白微黄，气味清香微带糖香味。如果闻起来有辛辣味者则为假货。

天麻

兰科天麻属，多年生草本植物，药用其干燥块茎。天麻原系野生，生长于1000米以上高海拔的山谷林地，人工栽培天麻也已相应的自然环境为宜。

日本药学博士难波恒雄在其《汉方药入门》专著中，断言"天麻佳品出贵州"。天麻是著

名中药材,早在2000多年前就已入药。据《神农本草经》记载,天麻(当时名称赤箭),味甘,性平,有医治惊风、平肝息风、神志昏迷、提气益神的功能。善治头晕目眩、眼花、肢体麻木、神经衰弱、风寒湿痹、小儿惊风、癫痫、高血压病、耳源性眩晕等症。临床应用证明,对血管神经性头痛、脑震荡后遗症等有显著疗效。贵州著名的"人参再造丸"、"大活络丹"等中成药都用天麻作主料。近年一些卷烟和饮料酒也往以天麻配料,运用范围越来越广。

织金所产天麻个大、肥厚、色黄白、半透明状、饱满、体重质坚实、无空心,为野生中之佳品。

织金石雕

织金大理石藏量丰富,石雕历史

悠久,产品工艺精湛,是贵州八大名产之一。用浅浮雕、除浮雕、镂空雕、高雕等高超技艺,制造出的镇纸、笔筒、石屏、组合台灯、花瓶、酒具等,异常精美。

苗族马尾绣

织金苗族马尾绣是一种非常特殊的工艺类别,综合运用了结绣、平针、乱针等多种刺绣工艺。其所用"绣花线"是用手工将白色丝线缠绕在马尾丝上制作而成,结构域低

音琴弦类似。刺绣时按照传统剪纸纹样，将这种白色绣线盘绣于花纹的轮廓上，中间部位再用多根彩色丝线编制的扁线填绣，绣品具有浅浮雕感。

苗族蜡染

织金苗族蜡染做工精细，色调淡雅，为贵州蜡染四大流派之一，蜡染图案丰富多彩，抽象神秘，具有较高的欣赏价值。

织金砂陶器

以陶土与煤砂为原料制坯高温烧制而成，造型匀称，古朴精巧，式样繁多，有蒸煮锅、火锅、平底锅、烙锅、鼎罐、茶罐、药罐、砂缸、砂灶、香炉等三十多个品种，产品除在本地销售外，还远销云南、四川等地。

织金县城东门外，有一条小街专事砂陶器生产，名为"砂锅市"。

砂陶器具最大的优点是用以烹制食物不变味、不变色，特别是砂陶药罐煎药不改变药物成分，极受欢迎。

购物厂店及分布

洞中王蜡染工厂	13595777200
班门石艺	13518578178
风顺石雕	15186183376
鹏桥奇石行	15987566189
苗家手工蜡染坊	13698557407
那威苗装	13648578587
艺染轩	15985436826
妥倮蜡染工艺坊	13096875656

娱

> 织金是一个多民族集居地,民族民间文化各具特色。织金各民族民歌曲调优美、旋律流畅自由,内容广泛,极富各自民族风格特色。民族舞蹈也是织金民间文化一大特色,主要有汉族、穿青人的傩舞;苗族跳花节的芦笙舞和办丧事中的木鼓舞;彝族酒礼舞"阿摩克"和钞子舞"肯合呗";仡佬族的"打灯笼"舞与"丢花包"舞。

织金是一个多民族集居地,民族民间文化各具特色。最为突出的有穿青人的傩戏以及各民族民歌、舞蹈、工艺美术等。县内傩戏有"背星神"、"打保福"、"庆坛"3种。庆坛傩戏又分为"庆五显"、"庆赵侯"和"庆娘娘"3派。庆五显傩戏最普遍,流行于穿青人中,全县有100多个班子。庆赵侯傩戏在汉族部分姓氏中流行,傩戏班子有4个。庆娘娘傩戏多流行于白族和少数汉族姓氏中,戏班有2个。背星神和打保福傩戏的流行比庆坛傩戏更普遍,到处皆有。

织金各民族民歌分为山歌、情歌、酒歌、丧歌、礼仪歌、礼俗歌、民间小调、儿歌等,曲调优美、旋律流畅自由,内容广泛,极

富各自民族风格特色。其中以汉族、穿青人的山歌调、花灯调、丧歌调和苗、彝、布依三种族别的情歌对唱最为盛行。

民族舞蹈也是织金民间文化一大特色，主要有汉族、穿青人的傩舞；苗族跳花节的芦笙舞和办丧事中的木鼓舞；彝族酒礼舞"阿摩克"和钞子舞"肯合呗"；仡佬族的"打灯笼"舞与"丢花包"舞。工艺美术也是织金文化旅游的一大亮点，主要有苗族蜡染、刺绣、砂陶工艺、石雕工艺等。民间戏剧精彩纷呈。代表作有文琴戏和花灯。在各种民族民俗文化中，以实兴海马冲苗族传统体育项目射弩、阿弓化董长角发苗原生态歌舞及独特乐器"三眼箫"等为代表。阿弓化董长角发苗在婚嫁、丧葬、跳场等习俗中，形成了原生态歌舞及独特乐器——"三眼箫"，在参加中央电视台十三届青年歌手大奖赛及西部频道电视大赛和省、地歌舞赛事中多次获奖。目前，已将该原生态歌舞的打造纳入县的重点文化产业项目。实兴乡海马冲的射弩全国闻名。这里的苗族同胞擅长射弩技艺，其中优秀选手曾多次代表县、地、省参加地区以上的有关射弩比赛，据统计，自1982年至2005年，在各级举办的22场射弩比赛中，先后有30多位苗族同胞摘取各类奖牌200余枚，为实兴乡赢得了全国、全省及全地区的"体育先进单位"殊荣，因此实兴乡被誉为贵州高原上的"射弩之乡"。1986年的资料统计，该乡有苗族400余户，其中爱好射弩运动的就有136户。占苗族户数的30.9%。在实兴的苗族村寨中以海马村的射技为高。海马村的每户人家多的有3支弩，少的也有1支弩，有的人家甚至每人1支弩。

织金洞一年一度溶洞文化节上有隆重精彩的文艺表演。平时，那威彝寨、化屋基风景点等处有民族歌舞表演。

织金洞旅游注意事项

1. 织金洞内的地质遗迹是大自然赠给全人类的宝贵遗产,应予珍惜,只可观赏,切勿触摸。

2. 织金洞内一定要在导游的指引下进行观赏,不要掉队,切勿独自离队观赏,以免迷路发生危险。

3. 洞中并不禁止拍照,但要注意安全避免触碰损伤地质遗迹。

4. 洞内严禁吸烟,以免污染景观和损害游客健康。

5. 洞中空气较凉、潮气较重,游客最好穿长袖衣服和长裤,注意保暖。洞中路面湿滑,注意小心行走,以免跌伤。

6. 洞中切勿高声喧哗喊叫,以免石钟乳共振断落伤人。

中国国家地质公园丛书编制出版编目
ZHONGGUO GUOJIA DIZHIGONGYUAN CONGSHU BIANZHI CHUBAN BIANMU

卷本编号	分册序号	国家地质公园名录		卷本编号	分册序号	国家地质公园名录
				8	226	内蒙古清水河老牛湾地质公园
				9	236	内蒙古四子王地质公园
第一卷		**北京卷**		**第六卷**		**辽宁卷**
1	025	北京石花洞国家地质公园		1	049	辽宁朝阳鸟化石国家地质公园
2	036	北京延庆硅化木国家地质公园		2	125	大连滨海国家地质公园
3	062	北京十渡国家地质公园		3	130	辽宁本溪国家地质公园
4	166	北京密云云蒙山国家地质公园		4	137	大连冰峪沟国家地质公园
5	175	北京平谷黄松峪国家地质公园		5	225	辽宁锦州古生物化石和花岗岩地质公园
第二卷		**天津卷**		6	241	辽宁葫芦岛龙潭大峡谷地质公园
1	019	天津蓟县国家地质公园		**第七卷**		**吉林卷**
第三卷		**河北卷**		1	077	吉林靖宇火山矿泉群国家地质公园
1	027	河北涞源白石山国家地质公园		2	140	吉林长白山火山国家地质公园
2	029	河北秦皇岛柳江国家地质公园		3	181	吉林乾安泥林国家地质公园
3	032	河北阜平天生桥国家地质公园		4	207	吉林抚松国家地质公园
4	069	河北赞皇嶂石岩国家地质公园		5	230	吉林四平地质公园
5	070	河北涞水野三坡国家地质公园		**第八卷**		**黑龙江卷**
6	100	河北临城国家地质公园 ■		1	006	黑龙江五大连池火山地貌国家地质公园 ■
7	108	河北武安国家地质公园		2	024	黑龙江嘉荫恐龙国家地质公园
8	165	河北兴隆国家地质公园		3	083	黑龙江伊春花岗岩石林国家地质公园
9	170	河北迁安-迁西国家地质公园		4	090	黑龙江镜泊湖国家地质公园
10	192	河北邢台峡谷群国家地质公园		5	127	黑龙江兴凯湖国家地质公园
11	206	河北承德国家地质公园		6	179	黑龙江伊春小兴安岭国家地质公园
第四卷		**山西卷**		7	219	黑龙江凤凰山国家地质公园
1	030	黄河壶口瀑布国家地质公园		8	240	黑龙江山口地质公园
2	120	山西五台山国家地质公园		**第九卷**		**上海卷**
3	133	山西壶关峡谷国家地质公园		1	138	上海崇明岛国家地质公园
4	134	山西宁武冰洞国家地质公园		**第十卷**		**江苏卷**
5	177	山西陵川王莽岭国家地质公园		1	075	江苏苏州太湖西山国家地质公园
6	183	山西大同火山群国家地质公园 ■		2	121	江苏六合国家地质公园
7	191	山西平顺天脊山国家地质公园		3	158	江苏江宁汤山方山国家地质公园 ■
8	195	山西永和黄河蛇曲国家地质公园		4	239	江苏连云港花果山地质公园
9	228	山西榆社古生物化石国家地质公园		**第十一卷**		**浙江卷**
第五卷		**内蒙古卷**		1	026	浙江常山国家地质公园 ■
1	014	内蒙古克什克腾国家地质公园 ■		2	038	浙江临海国家地质公园 ■
2	066	内蒙古阿尔山国家地质公园		3	047	浙江雁荡山国家地质公园 ■
3	122	内蒙古阿拉善沙漠国家地质公园		4	055	浙江新昌硅化木国家地质公园 ■
4	147	内蒙古二连浩特国家地质公园				
5	159	内蒙古古城国家地质公园				
6	208	内蒙古巴彦淖尔国家地质公园				
7	210	内蒙古鄂尔多斯国家地质公园				

卷本编号	分册序号	国家地质公园名录

第十二卷 安徽卷

1	012	安徽黄山国家地质公园 ■
2	028	安徽齐云山国家地质公园
3	035	安徽浮山国家地质公园
4	041	安徽淮南八公山国家地质公园
5	060	安徽祁门牯牛降国家地质公园
6	089	安徽天柱山国家地质公园
7	092	安徽大别山（六安）国家地质公园
8	145	安徽池州九华山国家地质公园
9	182	安徽凤阳韭山国家地质公园 ■
10	198	安徽广德太极洞国家地质公园
11	200	安徽丫山国家地质公园
12	229	安徽灵璧磬云山地质公园
13	237	安徽繁昌马仁山地质公园

第十三卷 福建卷

1	008	福建漳州滨海火山地貌国家地质公园
2	021	福建大金湖国家地质公园 ■
3	058	福建晋江深沪湾国家地质公园
4	067	福建福鼎太姥山国家地质公园
5	078	福建宁化天鹅洞群国家地质公园
6	091	福建德化石牛山国家地质公园
7	096	福建屏南白水洋国家地质公园
8	103	福建永安国家地质公园
9	149	福建连城冠豸山国家地质公园
10	167	福建白云山国家地质公园
11	194	福建平和灵通山国家地质公园
12	197	福建政和佛子山国家地质公园
13	231	福建清流温泉地质公园
14	232	福建三明郊野地质公园

第十四卷 江西卷

1	004	江西庐山第四纪冰川国家地质公园 ■
2	011	江西龙虎山丹霞地貌国家地质公园
3	102	江西三清山国家地质公园
4	124	江西武功山国家地质公园
5	234	江西石城地质公园

第十五卷 山东卷

1	018	山东山旺国家地质公园
2	034	山东枣庄熊耳山国家地质公园
3	079	山东东营黄河三角洲国家地质公园
4	086	山东泰山国家地质公园
5	101	山东沂蒙山国家地质公园 ■
6	114	山东长山列岛国家地质公园
7	144	山东诸城恐龙国家地质公园 ■
8	164	山东青州国家地质公园 ■
9	185	山东莱阳白垩纪国家地质公园
10	202	山东沂源鲁山国家地质公园
11	224	山东昌乐火山地质公园

第十六卷 河南卷

1	003	河南嵩山地层构造国家地质公园 ■
2	022	河南焦作云台山国家地质公园
3	037	河南内乡宝天幔国家地质公园
4	045	河南王屋山国家地质公园
5	051	河南西峡伏牛山国家地质公园
6	054	河南嵖岈山国家地质公园
7	088	河南郑州黄河国家地质公园
8	099	河南关山国家地质公园
9	107	河南洛宁神灵寨国家地质公园
10	110	河南洛阳黛眉山国家地质公园
11	117	河南信阳金刚台国家地质公园
12	173	河南小秦岭国家地质公园
13	176	河南红旗渠—林虑山国家地质公园
14	211	河南汝阳恐龙国家地质公园
15	214	河南尧山国家地质公园

第十七卷 湖北卷

1	073	长江三峡国家地质公园（湖北）
2	104	湖北神农架国家地质公园
3	132	湖北木兰山国家地质公园
4	136	湖北郧县恐龙蛋化石群国家地质公园
5	143	湖北武当山国家地质公园 ■
6	171	湖北黄冈大别山国家地质公园 ■
7	203	湖北五峰国家地质公园
8	213	湖北咸宁九宫山—温泉国家地质公园
9	220	湖北恩施腾龙洞大峡谷地质公园
10	223	湖北长阳清江地质公园

第十八卷 湖南卷

| 1 | 002 | 湖南张家界砂岩峰林国家地质公园 ■ |

中国国家地质公园丛书编制出版编目
ZHONGGUO GUOJIA DIZHIGONGYUAN CONGSHU BIANZHI CHUBAN BIANMU

卷本编号	分册序号	国家地质公园名录
2	042	湖南郴州飞天山国家地质公园
3	043	湖南崀山国家地质公园
4	098	湖南凤凰国家地质公园
5	118	湖南古丈红石林国家地质公园
6	126	湖南酒埠江国家地质公园
7	154	湖南乌龙山国家地质公园
8	169	湖南湄江国家地质公园
9	196	湖南平江石牛寨国家地质公园
10	218	湖南浏阳大围山国家地质公园
11	222	湖南通道万佛山地质公园
12	227	湖南安化雪峰湖地质公园

第十九卷 广东卷

1	016	广东丹霞山国家地质公园
2	031	广东湛江湖光岩国家地质公园
3	081	广东佛山西樵山国家地质公园
4	085	广东阳春凌宵岩国家地质公园
5	093	广东深圳大鹏半岛国家地质公园
6	097	广东封开国家地质公园
7	135	广东恩平地热国家地质公园
8	168	广东阳山国家地质公园

第二十卷 广西卷

1	044	广西资源国家地质公园
2	050	广西百色乐业大石围天坑群国家地质公园
3	053	广西北海涠洲岛火山国家地质公园
4	106	广西凤山岩溶国家地质公园
5	123	广西鹿寨香桥岩溶国家地质公园
6	156	广西大化七百弄国家地质公园
7	163	广西桂平国家地质公园 ■
8	189	广西宜州水上石林国家地质公园
9	199	广西浦北五皇山国家地质公园
10	221	广西都安地下河地质公园
11	233	广西罗城地质公园

第二十一卷 海南卷

1	074	海南海口石山火山群国家地质公园

第二十二卷 重庆卷

1	065	重庆武隆岩溶国家地质公园
2	073	长江三峡国家地质公园（重庆）
3	084	重庆黔江小南海国家地质公园
4	131	重庆云阳龙缸国家地质公园
5	160	重庆万盛国家地质公园
6	178	重庆綦江木化石—恐龙国家地质公园
7	209	重庆酉阳国家地质公园

第二十三卷 四川卷

1	007	四川自贡恐龙古生物国家地质公园
2	010	四川龙门山构造地质国家地质公园
3	017	四川海螺沟国家地质公园
4	020	四川大渡河峡谷国家地质公园
5	033	四川安县生物礁国家地质公园
6	046	四川九寨沟国家地质公园
7	048	四川黄龙国家地质公园
8	064	四川兴文石海国家地质公园 ■
9	094	四川射洪硅化木国家地质公园
10	095	四川四姑娘山国家地质公园
11	113	四川华蓥山国家地质公园
12	119	四川江油国家地质公园
13	152	四川大巴山国家地质公园
14	157	四川光雾山—诺水河国家地质公园
15	212	四川青川地震遗迹国家地质公园
16	216	四川绵竹清平—汉旺国家地质公园

第二十四卷 贵州卷

1	052	贵州关岭化石群国家地质公园
2	063	贵州兴义国家地质公园 ■
3	080	贵州织金洞国家地质公园 ■
4	082	贵州绥阳双河洞国家地质公园
5	115	贵州六盘水乌蒙山国家地质公园
6	128	贵州平塘国家地质公园
7	150	贵州黔东南苗岭国家地质公园
8	153	贵州思南乌江喀斯特国家地质公园 ■
9	204	贵州赤水丹霞国家地质公园 ■

第二十五卷 云南卷

1	001	云南石林岩溶峰林国家地质公园 ■
2	005	云南澄江动物群古生物国家地质公园
3	015	云南腾冲火山国家地质公园
4	056	云南禄丰恐龙国家地质公园
5	059	云南玉龙黎明—老君山国家地质公园

卷本 编号	分册 序号	国家地质公园名录
6	087	云南大理苍山国家地质公园
7	141	云南丽江玉龙雪山冰川国家地质公园
8	146	云南九乡峡谷洞穴国家地质公园
9	184	云南罗平生物群国家地质公园
10	188	云南泸西阿庐国家地质公园

第二十六卷　西藏卷

1	040	西藏易贡国家地质公园
2	129	西藏札达土林国家地质公园
3	161	西藏羊八井国家地质公园

第二十七卷　陕西卷

1	009	陕西翠华山山崩地质灾害国家地质公园
2	030	黄河壶口瀑布国家地质公园
3	039	陕西洛川黄土国家地质公园
4	111	陕西延川黄河蛇曲国家地质公园
5	162	陕西商南金丝峡国家地质公园
6	180	陕西岚皋南宫山国家地质公园
7	193	陕西柞水溶洞国家地质公园
8	215	陕西耀州照金丹霞国家地质公园

第二十八卷　甘肃卷

1	013	甘肃敦煌雅丹国家地质公园
2	023	甘肃刘家峡恐龙国家地质公园
3	061	甘肃景泰黄河石林国家地质公园
4	071	甘肃平凉崆峒山国家地质公园
5	155	甘肃和政古生物化石国家地质公园
6	172	甘肃天水麦积山国家地质公园
7	190	甘肃炳灵国家地质公园
8	201	甘肃张掖国家地质公园
9	235	甘肃宕昌官鹅沟地质公园
10	238	甘肃临潭治力关地质公园

卷本 编号	分册 序号	国家地质公园名录

第二十九卷　青海卷

1	068	青海尖扎坎布拉国家地质公园
2	105	青海久治年宝玉则国家地质公园
3	112	青海格尔木昆仑山国家地质公园
4	116	青海互助嘉定国家地质公园
5	174	青海贵德国家地质公园
6	205	青海青海湖国家地质公园
7	217	青海玛沁阿尼玛卿山国家地质公园

第三十卷　宁夏卷

1	076	宁夏西吉火石寨国家地质公园
2	151	宁夏灵武国家地质公园

第三十一卷　新疆卷

1	057	新疆布尔津喀纳斯湖国家地质公园
2	072	新疆奇台硅化木—恐龙国家地质公园
3	109	新疆富蕴可可托海国家地质公园
4	142	新疆天山天池国家地质公园
5	148	新疆库车大峡谷国家地质公园
6	186	新疆吐鲁番火焰山国家地质公园
7	187	新疆温宿盐丘国家地质公园

第三十二卷　香港卷

1	139	香港国家地质公园

注：① 《中国国家地质公园丛书》分册编目序号，按照国土资源部公布的各批国家地质公园名录顺序编列。该序号为该公园专用号；
② 《中国国家地质公园丛书》卷本编号按中国地图集各省(市、区)排序编列；
③ 本编目截至2014年1月14日国土资源部公布的第七批国家地质公园资格；
④ ■ 为已出版书目。